CONTENTS

BRAIN SPECIAL EDITION

JN237486

PART 01
トップクリエイターのアイデア発想法

PART 02
トップクリエイターの企画プレゼン術

PART 01

トップクリエイターのアイデア発想法

CHAPTER01

私の発想法 1

アイデアが次々と生まれる快感。
その気持ちよさは、限られた人のものではありません。
アイデアやひらめきは才能ではなく、
過程やメソッドが存在しています。
つまり、アイデアを出せる人というのは、
その方法を知り、日々の仕事や生活の中で
確実に実践している人ということ。
日々出会う情報をアイデアに変換するために、
彼らは何を実践しているのでしょうか？
第一線で活躍するクリエイターたちが語る
「私の発想法」には、
アイデア体質に生まれ変わるための
ヒントが満載です。

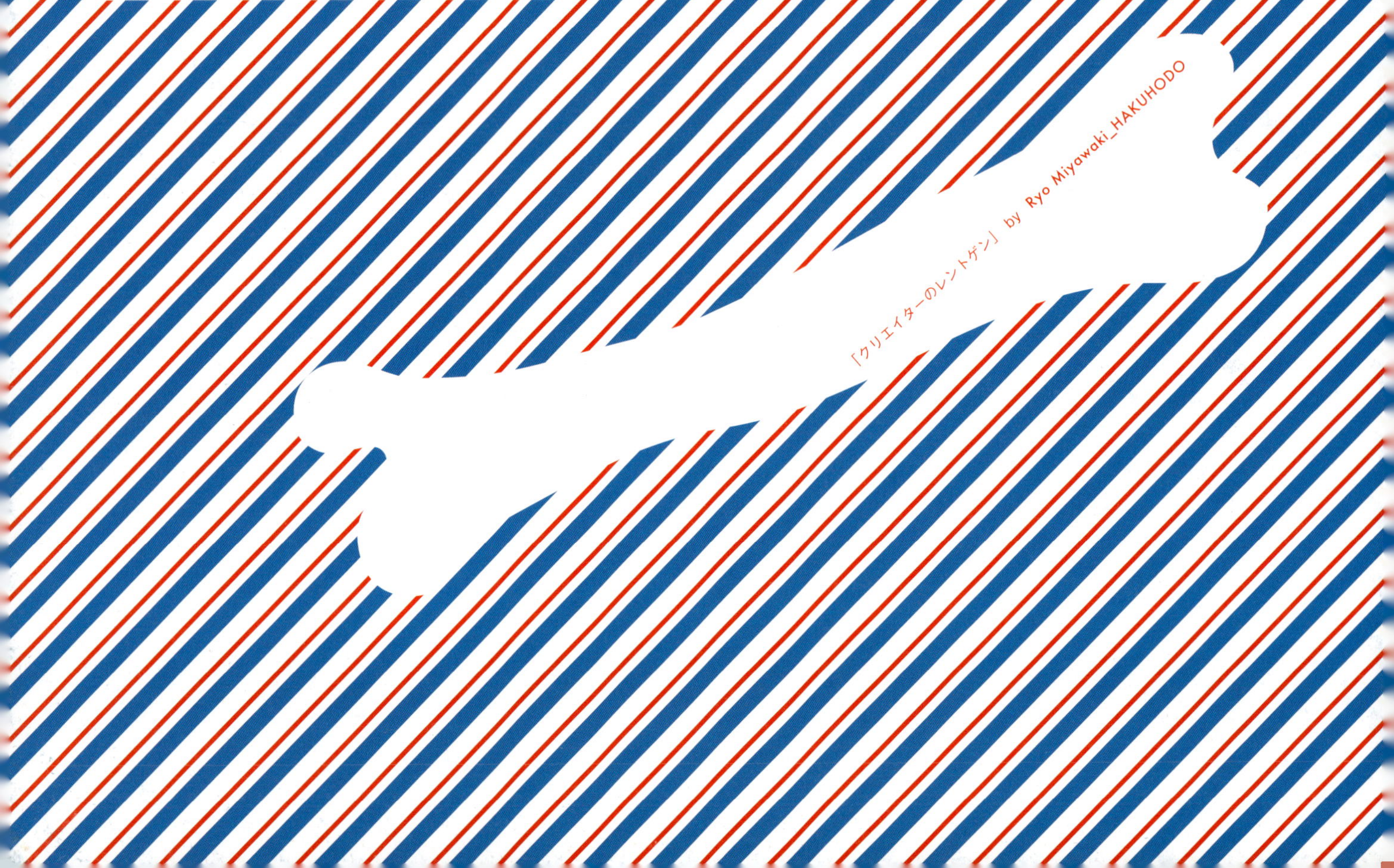

「クリエイターのレントゲン」 by Ryo Miyawaki_HAKUHODO

IDEA
idea
IDEA
idea
アイデア
アイデア
あいであ
¥
money
オカネ
IDEA
IDEA
idea
スケベ
money

01

雑な環境に自ら身を置こう

博報堂ケトル
嶋浩一郎

『嶋浩一郎のアイデアのつくり方』などの著作がある、嶋浩一郎さんの発想法の基本は、「雑然と放し飼いにされた情報を組み合わせることで、突然変異させる」こと。その前提となる情報のインプットのため、嶋さんはあらゆる状況から情報を取得する習慣を身につけている。

あえて強制的に情報に出会う

アイデアを出すために大事なのは、とにかく圧倒的な物量のインプットを持つことです。私の場合は、「メディア」と「人」が主なソースで、半々くらい。オフィスも、そのための作りになっています。円形デスクを囲むように社員が座ることで全員の目線が交差し、瞬時に情報がシェアできます。ハーマンミラー社が設計するオフィスは、社員同士が自然に出会う構造になっていると聞き、生まれたアイデアです。また、全国ネットのテレビ局の全チャンネルが席から見られますし、五大紙のここ3日間の一面も視界に入るようになっている。言わば、リアルなニュースポータル空間です。

外出時も情報に触れ続けています。特に意識して見るのは、車内吊りの雑誌広告。

世の中のちょっと先にあって誰も気づいていないことを言語化し、市場をつくるのが広告です。週刊誌や女性誌の吊り広告はそんなちょっと先行く現象のヒントの塊です。「草食系」や「アゲ嬢」など、女性誌は世の中の現象を一足先につかむことに長けていますよね。１日１回は本屋に行き、ランキングコーナーなどもチェックします。ベストセラーには、今の日本人が知りたいこと、興味があることが集約されています。

多くの場所に顔を出し、人に会うようにしているのは、マスメディアとは異なる視点を知るためです。KDDIの「クイズ鉄道王決定戦」は、鉄道居酒屋で、鉄道ファンのオジサマたちがレアな知識を自慢しあっていたのが企画のヒントになりました。

雑な情報の中に身を置いて、絶えず情報をピックアップできるようにすることがアイデアを思いつくためには大切だと思います。いちいち引き出しを開けて探すのではなく、引き出しの中に身を置く感覚。何も工夫しないと、人は自分の好きな情報しか得なくなるものです。だからあえて強制的に見る。ネットによる検索はとても便利ですが、検索結果からは自分の知りたいことしか気付きがない。逆に言うと、検索していない情報には触れられないわけです。テレビや新聞など、他人が編集したメディアは自分が知らない情報の宝庫です。書店も、検索じゃ出会わない情報いっぱいあることが素晴らしい。ソーシャルメディアから情報を取ることもありますよ。mixiでは、

嶋さんの情報ソース

人＋メディア

(02.03)　(04.05)

02

03

04

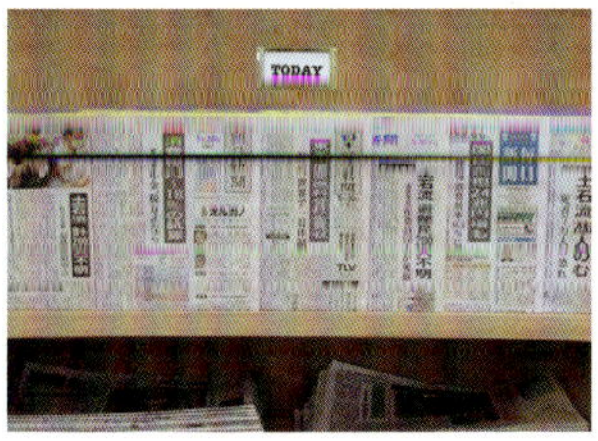

05

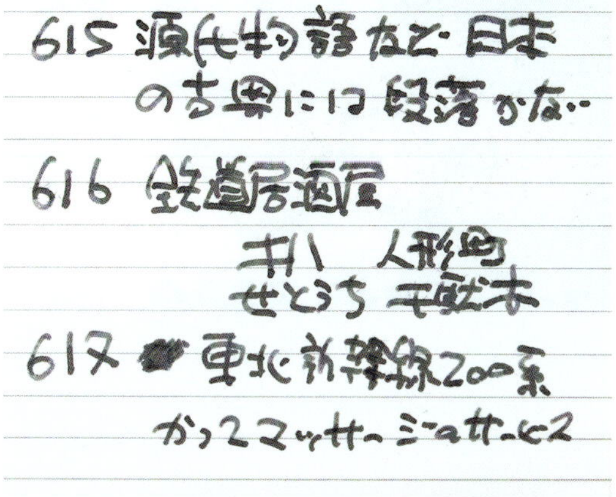

06

01　集めた情報を書き留め“放牧”するモレスキンのノート。情報を羅列することで、アイデア同士の化学反応を起きやすくする。
02　座ると全員の目線が交差する円形の席配置のオフィス。中心には打ち合わせテーブル。デスクで作業しつつ全員が情報をシェアできる。
03　入り口のバーは、オフィスに来た人が情報を落としていってくれるようにと設置。
04　席の周囲にはNHKと民放キー局の番組が見渡せる、6台のテレビが設置されている。
05　五大紙の直近の3日間の一面をディスプレイすることで、メディアの論調の変化を把握。
06　鉄道居酒屋での体験から生まれた、2009年のKDDI「クイズ鉄道王決定戦」。EZweb上で鉄道に関するクイズを1000問出題し、得点を競う。

私のアイデア論

マスメディアは、自分の知らない情報の宝庫

人の発想法は、本質を見抜いて応用しよう

ネイルの愛好家など、自分が絶対に属しそうにないコミュニティに参加したり。Twitterでは、自分のポストへのリツイート数によって、ネットの人たちがどんなネタに反応するのか感覚的に把握しています。

世の中のちょっとした動きや変化をうまく見つけて、的確に言語化すれば企画として成立するはずです。それには僕のやり方をそのまま真似してもおそらく駄目で、ハーマンミラーのオフィス設計から自社オフィスのヒントを得たように、本質を見抜いて応用することだと思います。私の場合なら「雑な環境に身を置く」「情報を交配しやすい状況に放牧する」の2つ。これらを自分の生活スタイルに、どうアジャストするかではないでしょうか。

しま・こういちろう
1968年生まれ。博報堂ケトル クリエイティブディレクター／編集者。93年博報堂入社、2006年博報堂ケトル設立。主な仕事に「本屋大賞」、島耕作×ザ・プレミアムモルツキャンペーンなど。これまで『広告』編集長、『LIBERTINES』共同編集長なども務める。著書に『嶋浩一郎のアイデアのつくり方』(ディスカヴァー)、『ブランド「メディア」のつくり方』(誠文堂新光社)など。

01　新発想の名刺デザイン制作のための「ひとりブレストシート」。「名刺」という言葉から連想する言葉をカテゴリごとに書き出す。最初は黒ペン、次に赤ペンで書き、最後に青ペンで内容を整理する。後から自分の思考をたどるのにも役立つ。

02　秋山さんの著書『「発想スイッチ」で脳を切りかえる　ファストアイデア25』（二見書房）

03　「神ブクロ」。秋山さんのオリジナルグッズを扱うショップ「デイリー・フレッシュ・ストア」で販売中。

言葉で発想するADのためのアイデアツール

デイリーフレッシュ
秋山具義

2009年に著書『ファストアイデア25』を出した秋山具義さん。本のテーマは「アイデアを日常的に出していける習慣や環境は、自分でコントロールしながら創っていける」。その中で秋山さんが紹介するアイデアを導く方法が、「ひとりブレスト」だ。

アイデアの反射神経を鍛える

「ひとりブレスト」とは、偶然に頼らずにアイデアをひねり出すための訓練法です。自分の中にあるモヤモヤしたものを吐き出し、整理し、ストックして、アイデアのヒントを引き出すためのものです。自分の手で書き、頭に何となく焼き付けておくことで、ある瞬間に自分の発想力の限界を超えたひらめきの導線になってくれますし、発想の幅も広がります。そのために専用の「ひとりブレストシート」（01）もつくりました。ひとつのテーマを8つのカテゴリに分けて、言葉を書き込んでいくシートで、大学の講義でも教材として使っていたものです。

学生や若いデザイナーに「5案持ってくるように」と言うと、同じ発想でディテールがちょっとずつ違う企画を持ってきがちです。本当は全然角度の違う5案を持ってきてほしいのに。ブレインストーミングは集団で発想するものですが、ひとりでそれと同等の効果を引き出す「ひとりブレスト」シートは、そうしたアプローチのバリエーションを生み出すのに最適なツールなのです。

アイデアを出すための訓練は、スポーツ選手のそれと同じようなものだと考えています。毎日何かしら考える習慣を続けていると、“アイデア神経”が鍛えられて、瞬発力や反射神経を使えるようになる。例えばコンビニに行けば「この商品は、なぜこのネーミングなのかな？」と考える。Twitterでは「どうリツイートすれば相手が面白がってくれるか？」を考える。Twitterは“ツッコミ力”を鍛える場ですね。こんな風に、お金にならない無駄なことを自主練のようにバンバン見たり考えたりしていると、少しずつ高く跳べるようになっていきます。

僕はとにかく考えることが好きで、ちょっとした隙間でも考えようとするクセがあります。ある種の貧乏性です（笑）。でも、こうして鍛え続けると、やがて頭の中でいくつかの仕事を何となく漂わせながら、あるとき複数の仕事の情報がバン！とくっついて素晴らしいアイデアが生まれる瞬間が出てくる。頭の中のことは外からは見えないけど、こういうときはきっとすごくいいフォームになっているはず。バク転ができれば人に披露したくなるように、いいものを思いつけばワクワクして早く人に見せたいし、世の中に出したいと思いますよね？こういう状況は、日々の訓練で体得するほかありません。

糸井重里さんから「アッキィって、実は言葉の人だよね」と言われたことがあります。最近は自分でもそうかな、と思うよう

私のアイデア論

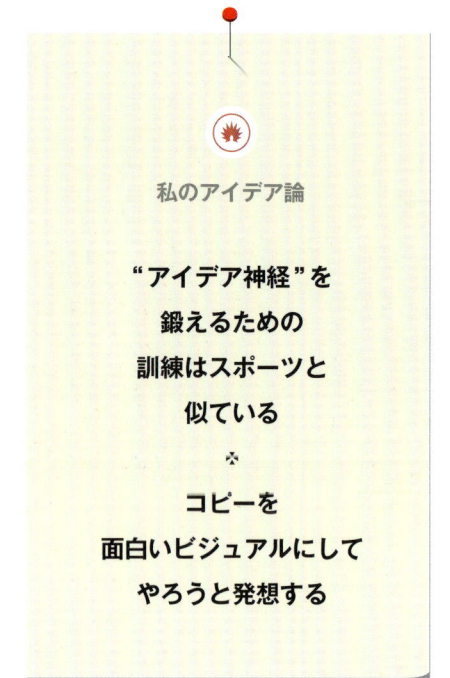

“アイデア神経”を鍛えるための訓練はスポーツと似ている

✣

コピーを面白いビジュアルにしてやろうと発想する

あきやま・ぐぎ
1966年秋葉原生まれ。アートディレクター。日本大学芸術学部卒、99年デイリーフレッシュ設立。2007年デイリー・フレッシュ・ストアオープン。主な仕事に、シャープ「エコロジークラスでいきましょう。」、パルコ「Love human」、AKB48「ヘビーローテーション」ジャケット、NTTドコモ「I bodymo」ロゴ、立命館大学コミュニケーションマークなど。http://www.d-fresh.com/gugi/

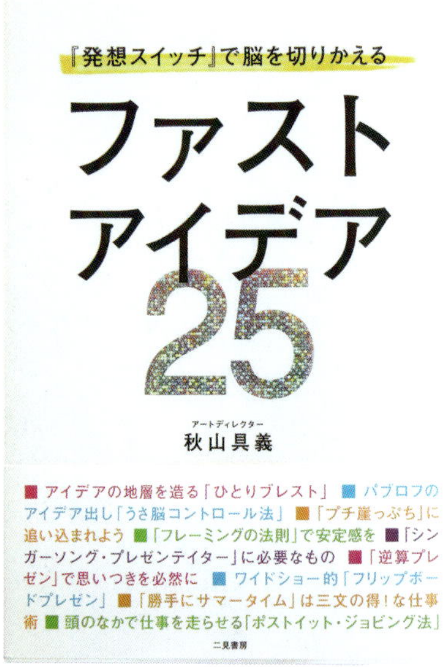

02

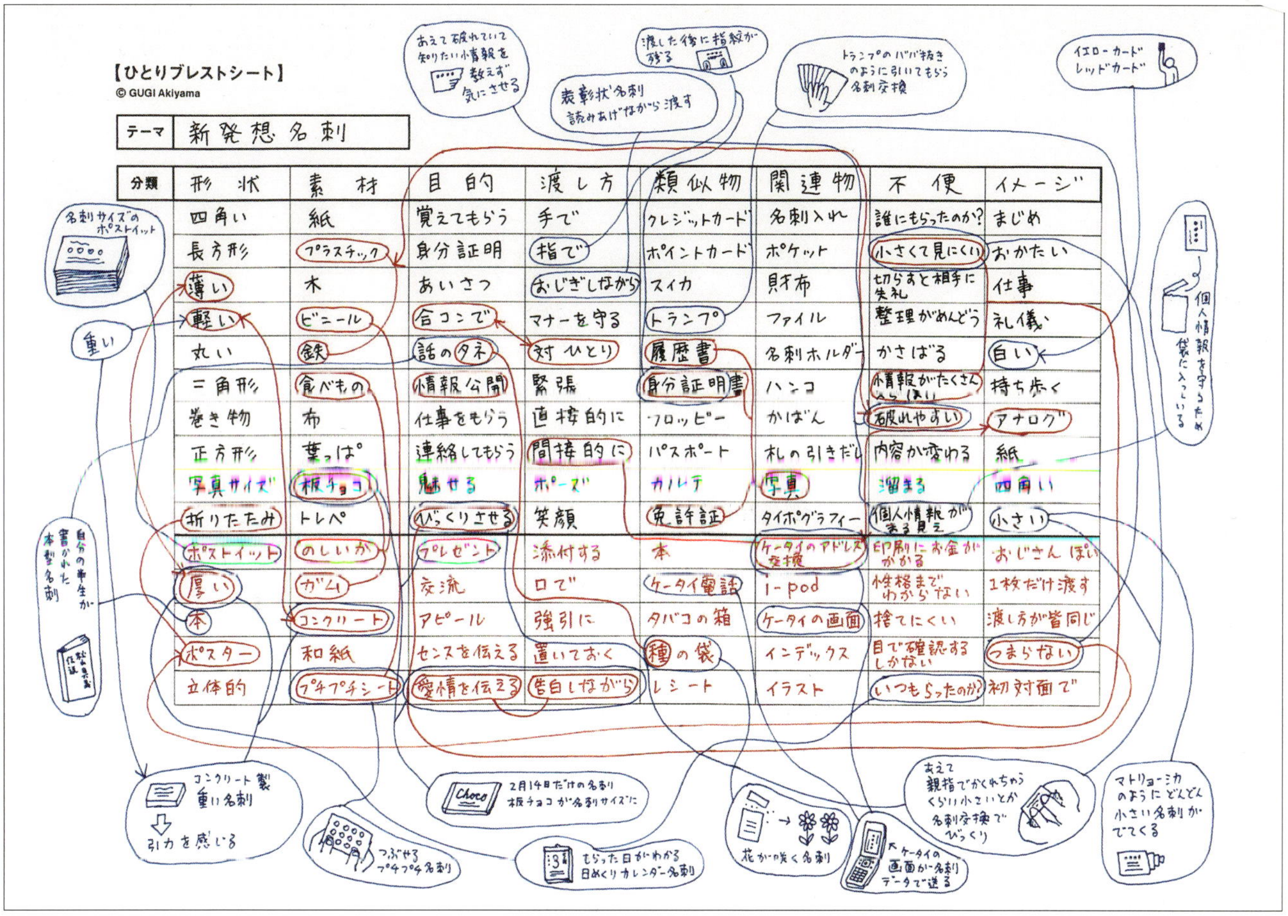

【ひとりブレストシート】

© GUGI Akiyama

テーマ	新発想名刺

形状	素材	目的	渡し方	類似物	関連物	不便	イメージ
四角い	紙	覚えてもらう	手で	クレジットカード	名刺入れ	誰にもらったのか?	まじめ
長方形	プラスチック	身分証明	指で	ポイントカード	ポケット	小さくて見にくい	おかたい
薄い	木	あいさつ	おじぎしながら	スイカ	財布	切らすと相手に失礼	仕事
軽い	ビニール	合コンで	マナーを守る	トランプ	ファイル	整理がめんどう	礼儀
丸い	鉄	話のタネ	対ひとり	履歴書	名刺ホルダー	かさばる	白い
三角形	食べもの	情報公開	緊張	身分証明書	ハンコ	情報がたくさん入らない	持ち歩く
巻き物	布	仕事をもらう	直接的に	フロッピー	かばん	破れやすい	アナログ
正方形	葉っぱ	連絡してもらう	間接的に	パスポート	札の引きだし	内容が変わる	紙
写真サイズ	板チョコ	魅せる	ポーズ	カルテ	写真	溜まる	四角い
折りたたみ	トレペ	びっくりさせる	笑顔	免許証	タイポグラフィー	個人情報がまる見え	小さい
ポストイット	のしいか	プレゼント	添付する	本	ケータイのアドレス交換	印刷にお金がかかる	おじさんぽい
厚い	ガム	交流	口で	ケータイ電話	i-pod	性格までわからない	1枚だけ渡す
本	コンクリート	アピール	強引に	タバコの箱	ケータイの画面	捨てにくい	渡し方が皆同じ
ポスター	和紙	センスを伝える	置いておく	種の袋	インデックス	目で確認するしかない	つまらない
立体的	プチプチシート	愛情を伝える	告白しながら	レシート	イラスト	いつもらったのか?	初対面で

01

になりました。デザインはアイデアとアイデアの組み合わせで生まれますが、それは言葉にも応用できると思います。商品に合いそうな言葉をどんどん出して、それを組み合わせる作業をするのは、デザインの構成を考えるのと似ているかもしれません。

例えばデイリー・フレッシュ・ストアのオリジナルバッグ「神ブクロ」は、言葉から発想して生まれたプロダクトです。若い人たちが「すごい」ことを「神」と言っているのを聞き、「カミ」という音から「紙袋」という言葉がぱっと浮かびました。布製ですが、「カミブクロ」。そんな部分も面白いと思って製品化しました。

若いコピーライターなどはよく「自分は言葉しか提案してはいけない」と思ってしまいがちですが、コピーライターも絵のイメージを持った方が、いいアイデアが浮かぶことがある。逆に、アートディレクターも、自分でフレームを規定せずに、言葉（コピー）自体を、面白いビジュアルにしてやろうという感覚がアイデアにつながるんです。

↓

秋山さんのアイデア発想法

ひとりブレストシート (01)
言葉の組み合わせ (03)

例）神＋紙ブクロ＝「神ブクロ」

▼

03

日用品のグッドデザインを収集・分類

PLUG-IN GRAPHIC
平林奈緒美

アートディレクターの平林奈緒美さんは、自分が面白いと思ったモノを徹底的に集める収集癖の持ち主だ。オフィスには、厚い紙ファイルやボックス、引き出しなどの収納が並ぶ。しかしアイデアに役立つのは、集めたモノ自体よりも、集める経験なのだという。

01

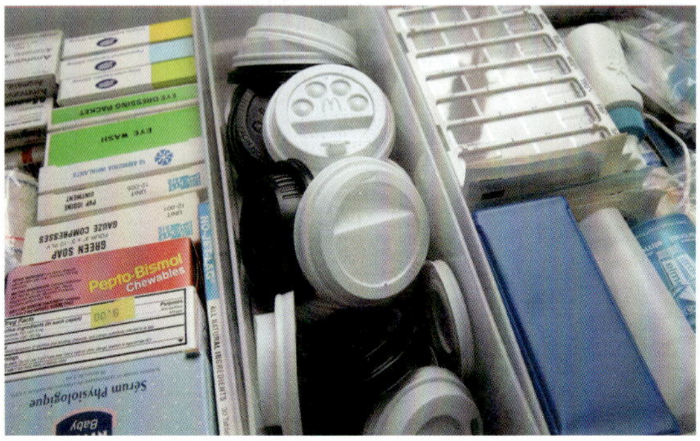

02

モノは経験を引き出すフック

学生の時からモノを集める癖があります。仕事に関係するモノを集めているかと言えば、そうでもありません。ただ単に自分が気になったモノや面白いと思ったモノを集めるのが好きなのです。

今でこそ、かわいいパッケージなどの本がたくさん出ていますが、私がデザイナーを志した頃は、そういう本はほとんどありませんでした。日用品にグッドデザインがあるという意識もなかった時代です。だから自分が面白いと思ったものは取っておく収集癖がついたのだと思います。

今のようにデザインの本がたくさん出ていても、やっぱり実際のモノがほしい。フタを開けてみたら内側と外側の色が全く違う色だったり、開け口に小さなイラストが描かれていたりと、本で見ただけはわからないことがたくさんあるからです。例えばコーヒーのカップのフタは、規格はどれもほぼ同じです。でもブランドの刻印があったり、深さや質感が違っていたりと、細かい部分がちょっとずつ違います。そういう発見をするのがとても楽しいのです。

この収集癖は、コレクターとは違うと思っています。例えば包帯なら、包帯全てを網羅するのではなく、自分が面白いと思ったものだけを集めます。集めたモノを分類・整理して、しまうのも好きです。でも、後でそこからモノを取り出して眺めるようなことはあまりしません。むしろプレゼン時にイメージを共有するのに使ったり、印刷会社の方に見本として渡すくらいでしょうか。

アイデアを考える上では、集めたモノがアイデアに役立つというより、むしろモノを買った時の経験が参考になっていることが多いのです。お店の人が時間をかけてこんなラッピングをしてくれたとか、海外から到着する小包は、国によって切手の貼り方や包み方が違っていて楽しいといった気づきは、本では経験できないことです。

アイデアでもなんでも、自分の経験にないことは出てきません。私にとって収集したモノとは、そのモノにまつわる経験やストーリーにつながるフック、つまりきっかけのようなものなのです。

ひらばやし・なおみ
東京都生まれ。アートディレクター、グラフィックデザイナー。武蔵野美術大学卒業後、1992年に資生堂入社。ロンドンのデザインスタジオ「MadeThought」に出向。2005年よりフリーランス。HOPEやNTTドコモのパッケージデザイン、(marunouchi) HOUSEのアートディレクションなどの仕事を手がける。NY ADC賞、D&AD賞、東京ADC、グッドデザイン賞など多数受賞。

01　PLUG-IN GRAPHICオフィスの平林さんの部屋。席の後ろの収納には、これまで集めてきた古いカタログや紙見本が入ったファイル、収納ボックスが並ぶ。
02　引き出しの中味の一部。コーヒーカップのフタ、包帯のパッケージ、薬のケースなど国内外の日常品がぎっしりと詰め込まれている。

自分の脳を拡張する「ひらめき貯金」

good design company
水野 学

2010年10月に著書『アイデアの接着剤』を刊行した、アートディレクターの水野学さん。アイデアとは、アイデアのかけら同士を接着して生まれると説く水野さんが、アイデアを生み出すまでに実践していることは？

↓
水野さんのアイデアを生み出すフロー

知識の収集
（大量の本／雑誌／ DVD etc.）
＋
常に仕事のことを考える
↓
「ひらめき貯金」

みずの・まなぶ
1972年生まれ。多摩美術大学卒。99年グッドデザインカンパニー設立。主な仕事にNTTドコモ「iD」、農林水産省CI、熊本県キャラクター「くまモン」、宇多田ヒカルCDジャケット等。ワンショー、CLIO賞ほか国内外で受賞歴多数。著作に『アイデアの接着剤』『アウトプットのスイッチ』（朝日新聞出版）ほか。慶應義塾大学特別招聘准教授。

01

01　直近の1カ月で購入した書籍。社会学の古典から生物多様性までバラエティに富む。

思いついたら必ずアウトプットする

本、雑誌、DVDは、気になったら迷わず買います。本は月に数十冊、雑誌は月50冊以上になるでしょうか。テレビ番組も気になるものはすべて録画して見ています。後は外を歩いているときでも、何か引っかかるものを見つけたら、とりあえず携帯のカメラで撮影。気になるものや思いついた言葉も携帯にメモしています。こんな風に、自分の脳の外にメモリを増設するかのように、知識を集めています。

アイデアを思いつくための一番のコツは、いつも仕事のことを考えていることでしょうか（笑）。僕たちの仕事は、企業の課題を解くためにクイズを出されているようなもの。頭の中には常にこのクイズが浮かんでいて、何かのきっかけで思いついたらすぐに携帯電話のメールでスタッフに伝えます。このアウトプットが重要で、僕はこれを「ひらめき貯金」と呼んでいます。

人に伝えることは自分の頭の整理になるし、中にはメールを送ると意見を言ってくれる人もいる。人の頭に一度預けることで、自分以外の人の頭まで使って考えられることがミソです。だから「ひらめき貯金」なんです。預けた人によっては、意見という利子がついてアイデアが増幅します。だから「ひらめき貯金」をする時は、できだけ高利回り（さまざまな意見やアドバイスをくれる）の銀行（人）を見つけておくといいですね。

他人に送らないまでも、とにかく思いついたら紙に書くなど、思いつきをアウトプットすることはとても大事です。それだけでも頭の整理になりますから。企画会議でなかなかアイデアを出せない人は、その紙を何枚か持って会議に出てみたらどうですか？自分ではくだらないと感じた思いつきが、他の人のアイデアと組み合わさると面白いものになることもあります。いいアイデアを考えてやろう！なんて気張らなくていいから、まずは数を出すようにとスタッフにも言っています。アイデアは知識と知識の結合なのですから。

01

自分自身の心を観察するための写真アルバム

福島デザイン
福島 治

かつてはコンペに負け続け、アイデアの乏しさに悩んだこともあるというアートディレクターの福島さん。その窮地を救ったのは、写真撮影によるアイデア発想法。日常から切り取った風景は、自分自身の心を観察するのに有効だったという。

日常の風景がアイデアの宝庫に

20代でデザイナーとして広告会社に入りましたが、プレゼンでは連戦連敗。アイデアの重要性を痛感しました。それまでは現代アートに憧れたりと、割と表現志向だったけれど、広告でそれは通用しない。まずはアイデアを出すために、ネタ帳を持つことからはじめました。メモや切り抜きを集め、コピーも書き溜めたり。それで何千かネタは溜まったけれども、いま一つ人と差異化ができないと感じていました。もっと自分の脳を作りかえるような、自分自身の発見、独自性のあるアイデアを見つけたかった。そこで考え出したのが「写真」でした。

常にフィルムのコンパクトカメラを携帯し、街で気になったものは何でも撮りました。フィルムなので、現像するまでにタイムラグがある。その時間差があることで、後から客観的に「写真を撮った時に感じた面白さは何だったのか？」を分析できたんですね。目を留めたり興味を抱いたりすることは日常的にある。その理由を写真という形で整理し、客観的に理解できることがわかったんです。例えばラーメン屋に「冷やし中華はじめました」というポスターがある。撮ったときは何で気になったのかわからない。けれども、現像して眺めていると「季節を表すフレーズだから心にひっかかったのだ」とわかってくる。「高校野球放映中」といったコピーもそうですよね。「季節を表わすコトバは気になる」。それが、広告の表現のヒントになっていく。

実際は撮った写真そのものが仕事になることは99％ないんです。大切なのは、仕

私のアイデア論

日常生活の中での共感や興味が必ず制作に役立つ

福島さんのアイデア発想ツール

撮り溜めた写真から、人の心を動かすポイントを見つける

02

03

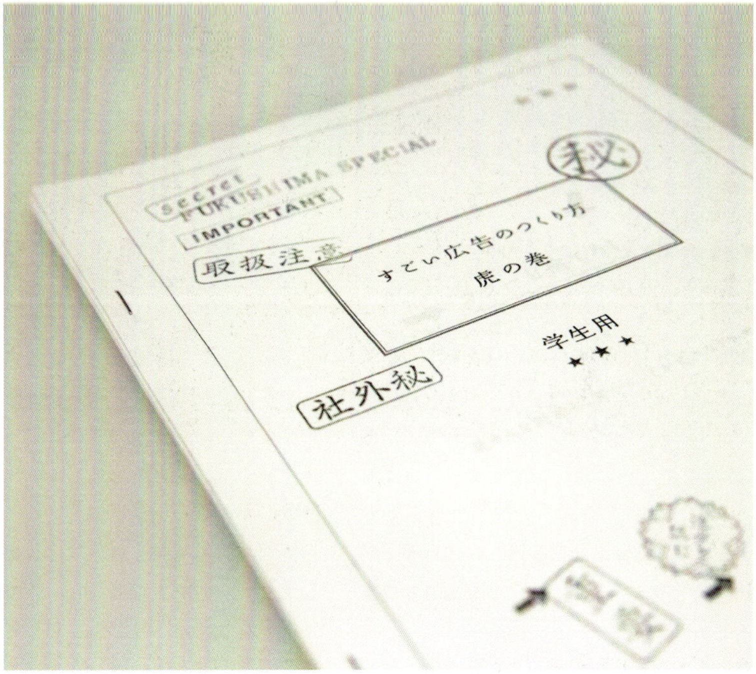

04

事のときにアイデアがちゃんと引き出せたり使えたり、こういうことあるよね、と言えたりすること。24〜25歳から始めて、実際5年ほどで広告賞を受賞できるようになってきました。

僕は大学の講義でも、自分なりにアイデアの出し方をまとめた“虎の巻”を作って学生に教えています。その成果か「読売広告賞」で当ゼミの学生が3年連続でグランプリを受賞するなど実績をあげています。この“虎の巻”は広告業界で働く卒業生も、バイブルとして使ってくれているようで嬉しい。この業界では、アイデアは重要なのになぜか明確に教育を受ける方法がないのは残念です。学生にもよく言うけども、広告で使うアイデアには知らないものはない。だから、素晴らしいアイデアだと思っても実は知っているものなんです。何十年か生きてきた人間の脳の中にものすごい数の引き出しがあって、自分自身がその引き出しを開けられるように常にスタンバイしていることが大事なのです。

広告を見る人はごく普通の生活者なのだから、多くの人に理解してもらい、興味を持ってもらうための生活者の感覚を大事にしたいと思っています。業界の内輪の特別な知識ではなく、日常生活の中での共感や興味が必ず制作の役に立ちます。写真をはじめた頃はそこまで考えず、何か発見できればいいと思っていた程度でしたが、結果的に、その感覚を客観的に考察できるようになったことが良かった。自分自身の中の“人間”を観察することによって、人ってこういう生き物なんだ、と理解できたんです。

ふくしま・おさむ
1958年広島生まれ。85年アサツー ディ・ケイ入社、99年福島デザイン設立。東京ADC賞、N.Y.ADC賞、JAGDA新人賞、ブルガリアポスタートリエンナーレ、ニューヨークフェスティバル、カンヌ国際広告祭、その他受賞多数。東京工芸大学デザイン学科教授。

01 福島さんがこれまで撮り溜めた写真。日常で目を留めた何気ない風景が記録されている。
02,03 写真がそのままストレートに仕事に結びつくことは滅多にないが、その珍しい例。二宮金次郎の銅像からヒントを得て、ゲーム会社SEEDSのポスター（02）を制作。「絵が焼失した」という事実を伝えるのに、家事で焼け焦げた家の骨組みが着想となって、東芝の新聞広告（03）のアイデアが生まれた。
04 これまで体得したアイデアをまとめた虎の巻。「擬人化をしてみる」「たとえてみる（比喩）」など、アイデアを出す助けが何項目にもわたって記載されている。

01　これまで思いついたネタやアイデアは、すべてデータ化しタグ付けしてEvernoteで保存している。「広告」「いつかやりたい」「ネタ」など複数のタグで検索すれば、お目当ての情報にたどり着ける。
02　『佐藤雅彦全仕事』の「今日の収穫」欄（STEP1）に影響を受け、学生時代から自作で手帳を制作（STEP2）。年々進化し、商品化にいたった（STEP3）。

ネタのシャワーを浴び続ける環境をつくる

博報堂
佐久間英彰

コピーライター、CMプランナー、個人活動ではオリジナル文具「ジブン手帳」のプロデューサーとしても活躍する佐久間英彰さんは、膨大な量の紙資料や映像をデータ化、仕事に活用している。

面倒くさがりだから収集ルールをつくる

テレビは気になる番組をすべて録画して毎日チェックします。１日正味8時間程度を録画して、家で2倍速でチェック。面白いもの、仕事に使えると思ったものはクリッピングしてMacに転送しiPad用データに変換します。「ワールドビジネスサテライト」のようなビジネスニュースから、世界のオモシロ動画番組まで、ジャンル問わずチェックしています。さらに、テレビを音声で聞きながら並行して、世界中の面白いブログをチェック。ここで気に入った記事や情報を個人ブログにためておきます。

自分で思い付いたアイデアはノートに記入し、一冊書き終えるごとにスキャン。ページごとに「いつかやりたい」「広告のネタ」などのタグを付けてEvernote＊1で管理しています。テレビの動画やブログにもタグを付けているので、後で検索をかけて、自分の案とメディアのネタを組み合わせることができます。

収集した情報はすべてがアイデアの素。オリエンを受けた時に、「そういえば、アレがあったな」と記憶があればすぐに検索しますし、別のアイデアと掛け合わせてみることもできます。外付けの脳の一部として情報やツールを活用している感じでしょうか。以前大阪の商業施設 ブリーゼタワーの空間演出を手がけた際には、過去に見た巨大な人形を使ったアート作品の映像のアイデアを掛け合わせてみようと考え、吹き抜けに巨大人形を設置しました。膨大な資料を頭に入れていたおかげです。

私のアイデア論

情報は一元管理を徹底する

✣

漫然と過ごさずに日々気付きを得る訓練を

「何でそこまでやるの？」とよく人に聞かれますが、データ管理を徹底するのは、私が面倒くさがりだからだと思います。矛盾しているようですが、面倒だから取り出す作業を簡単にしておきたいのです。いくら情報を集めても、どこにあるかわからないのでは意味がない。人生において二度と使わないネタもあるかもしれませんが、それでもやるのには自分なりの理由があります。スーパークリエーターとは、たった一個のリンゴが落ちただけで万有引力を思い付い

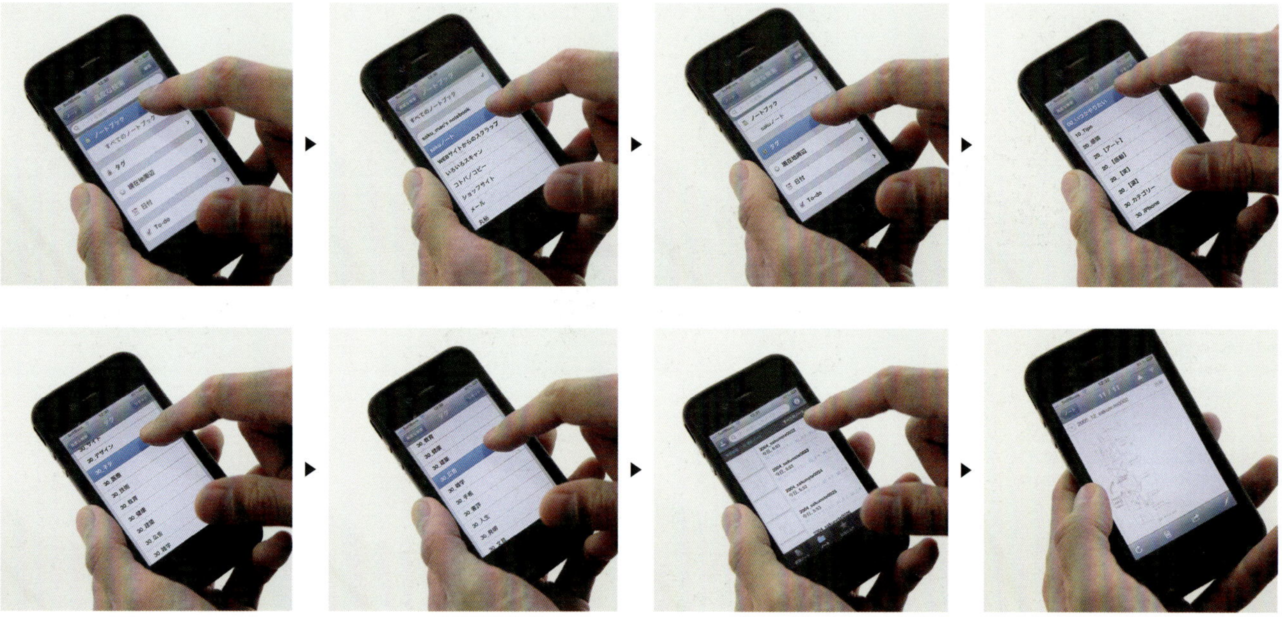

01

＊1 Evernote　PCおよびスマートフォン、タブレット端末などで使えるオンライン上のデータ管理システム。テキスト、画像、音声などを一元管理できる。

03　吹き抜けに巨大な人形を置けないかという発想から、巨大人形が出てくるアート作品映像を検索。プレゼン時にイメージを共有するのに役立った。

04　佐久間さんのEvernoteの画面。昔はテキストはGmailで、画像はiPhotoでと管理し分けていたが、今はEvernoteで一括管理している。音声データも取り込めるのが便利。

たニュートンのような人だと思います。ひとつのヒントからでも、常に答えを導きだせる。私はそうはいかないけれど、リンゴが1000個落ちればさすがにアイデアを思いつけると思って、ネタのシャワーを浴びる環境を意図的につくっているんです。

こうして情報を集めるようになったのは、佐藤雅彦さんの影響です。『佐藤雅彦全仕事』の「CM制作日記」を学生時代に読み、その中の「今日の収穫」という気づきを書く欄に興味を持ちました。何もない一日なんてない、ただ漫然と1日を過ごさずに自分も何か見つけてやろうと、それ以来、日々何かに気付く訓練を続けています。

集めた映像には「笑」や「驚」など漢字一文字で感情のタグもつけるようにしていますが、これはどういうときに人は笑うのか、感動するのか、驚くのか、それらを体得するための訓練です。集めた映像はブログやメールなどで人にも伝えています。他者と共有することで、自分と同じように反応するのか、人の心のスイッチを確かめているのかもしれませんね。

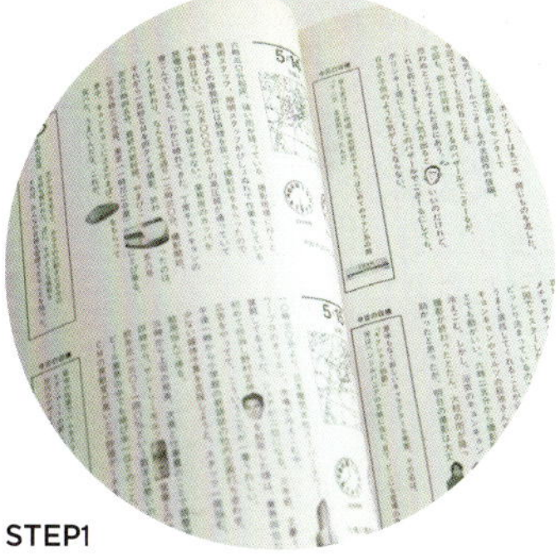
STEP1

▼

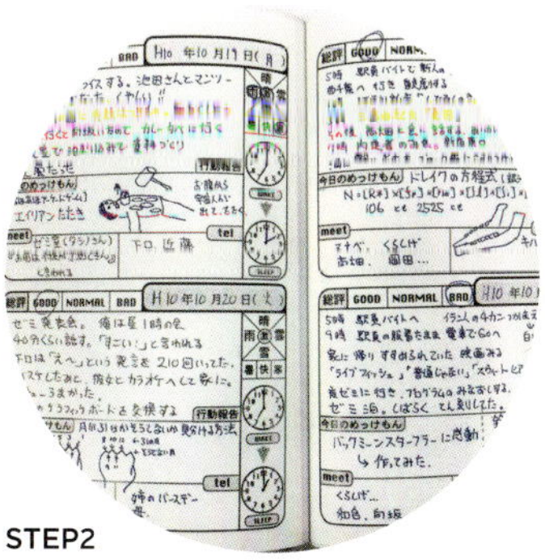
STEP2

▼

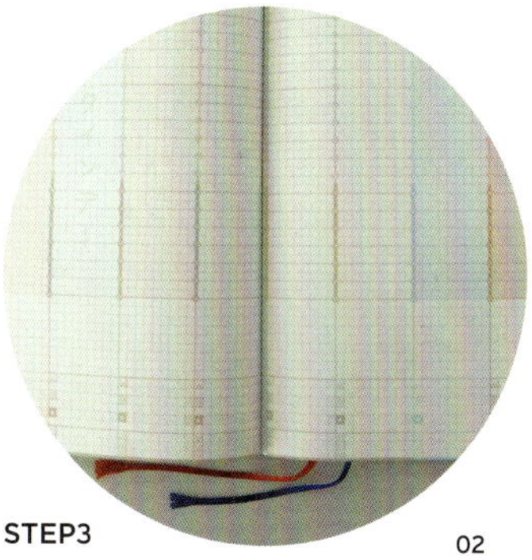
STEP3

02

↓

佐久間さんの情報ストレージ術

テレビ番組
➡ハードディスクに録画
➡クリッピングしてMacに転送
➡「知識の泉」と名付けたデータストレージに蓄積（現在6300ファイル）

メモ、アイデアスケッチ
➡スキャンし、タグ付けしてEvernoteに保存

画像、音声、テキストデータ
➡タグ付けしてEvernoteに保存

仕事関連の情報
➡Dropboxですべて一元管理

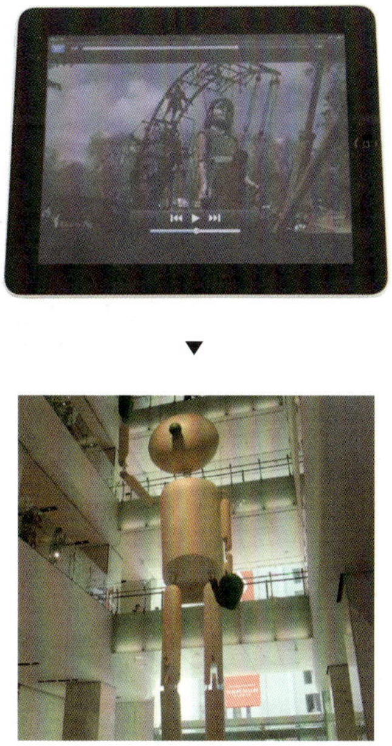

03

04

さくま・ひであき
1974年生まれ。明治大学大学院理工学研究科を卒業後、博報堂 コピーライター／CMプランナー。カンヌ国際広告祭など数々の広告賞を受賞。また社外活動として"発明"を行っており、最近では、ハートが浮き出る宝石箱「ブリリアントBOX」をSTAR JEWELRYで商品化。また長年温め続けたオリジナル手帳「ジブン手帳」を2010年末に講談社から発売。

＊2 Dropbox　オンライン上のストレージサービス。複数の端末から同期作業ができるのが特徴。

現代版「思考の整理学」を実践

渡辺英輝

早くからデジタルツールを多用した情報整理を行っていた渡辺英輝さん。ストラテジストとして常にトレンドのチェックを欠かさない日々の中で編み出した、現代の思考整理メソッドとは？

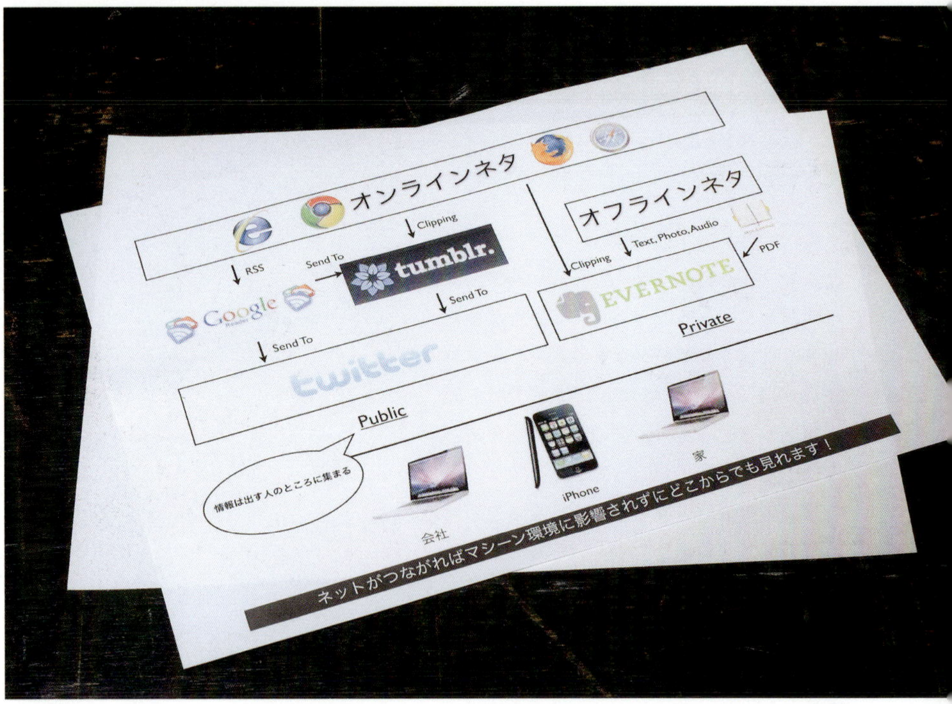

01

↓
渡辺さんのアイデア発想のための習慣

⊙事例を見て、研究することを日々の生活に導入
⊙習慣化するためのマイ・メソッドを開発

わたなべ・ひでき
野村総合研究所、ビーコン コミュニケーションズを経て、2010年ネイキッド・コミュニケーションズへ。13年よりAKQA東京 クリエイティブディレクター。これまでP&Gや日本コカ・コーラ、ナイキジャパン等の仕事で「Web 人 of The Year」や東京インタラクティブ・アド・アワード、カンヌライオンズ、ワンショーなど受賞。

ネタ帳を公開する人には情報が集まる

きっかけは、外山滋比古さんの『思考の整理学』でした。ノートを3冊使って、1冊は書き留めるために、1冊は整理に、もう1冊は考察に使う。本を読んで以来、この方法を実践していましたが、Web系の仕事が多いこともあり、ノートは正直使いづらい。そこで、考え方はそのままに、デジタルツールを使った方法にアップデートさせたのが今のやり方（01）です。

ネット上のネタはグーグルのRSSリーダーを活用して探しています。書評、クリエイティブ、ファッション、マーケティング、ミュージック、トレンド系のニュースサイトから、友人のブログまで、情報源となるあらゆるサイトが登録してあります。

気になる情報を見つけると、ここからTumblr（タンブラー）[*1]にクリッピング。タンブラーはいわば公開ネタ帳です。公開しない情報はEvernoteへ。その他MindMeister（マインドマイスター）[*2]上のマインドマップも使っています。いずれの作業もほぼクラウドサービス上で完結します。

せっかく集めたネタ帳をなぜ公開するの、とよく聞かれますが、自分はあくまでセレクトショップのバイヤー的な存在だと思っているので、「あの人がクリッピングするものは面白いし、ためになる」と思ってもらえればいいんです。Twitterにポストすると、フォロワーにさらに関連した情報を教えてもらえることもあります。つまり、情報は出す人のところに集まってくるから、というのが公開する一番の理由です。

ちなみに、アイデアを思いつくコツは、運動することと寝ることです。情報を集めておいて、あとは散歩したり、ジムで汗を流しているときにアイデアを思いつく。思い付いたら、その場ですぐiPhoneに録音します。一晩寝て、翌朝思い付くのが黄金のパターンです。昔は徹夜して考えていたけど、今はもうやりません（笑）。

広告会社に入ったばかりの頃は、「面白いことが考えられない」と悩んだ時期もありました。でもアイデアはすべて既にあることの組み合わせなので、今考えるとその悩み自体が間違ってたんですよね。相談されたときに、どれだけ引き出しがあるかが重要です。僕は天才的アーティストではないけれど、世の中でどういうトレンドがあって、何がヒットし、ヒットしてないかを蓄積しておくことはできる。打ち合わせの最中に、この蓄積からゴールにつながるキラーパスが出せるようにしておきたい。その結果、チームで良いアイデアが出れば、それでいいと思っています。

＊1 Tumblr　ミニブログの一種。自分で投稿するだけでなく、ニュースサイトや他人のブログから、好きなテキストや写真、動画、音楽などを取り込める。
＊2 MindMeister　マインドマップ作成サービス。TwitterやSkypeを使って複数のユーザーで同時に編集できるのが特徴。

発想の「デッサン力」を鍛えるトレーニング

博報堂
須田和博

ズボンのポケットには、いつもコクヨのA6ノートがしのばせてある。博報堂の須田和博さんは自他共に認める「メモ魔」。高校2年生のとき、自主映画のコンテを書くために始めたメモ習慣は、ブログやTwitterなどにも場を広げながら、現在に至るまで絶え間なく続いている。

01

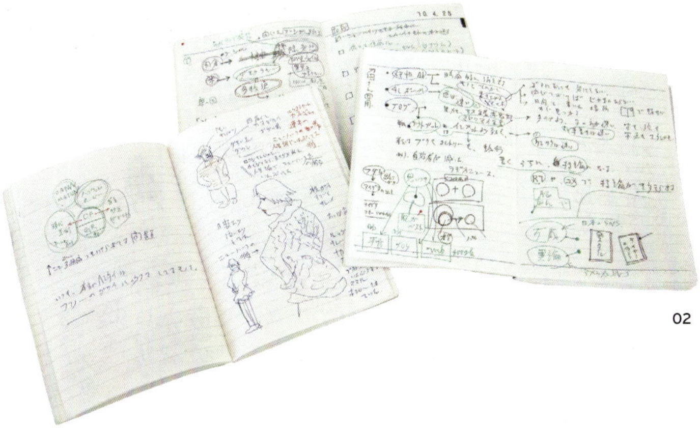

02

すだ・かずひろ
1967年生まれ。博報堂エンゲージメントビジネス局クリエイティブディレクター。多摩美術大学卒業後、博報堂入社。アートディレクター、CMプランナーを経てインタラクティブ広告の領域へ。2009年「ミクシィ年賀状」で東京インタラクティブ・アド・アワードグランプリ、ほか国内外受賞多数。著書に『使ってもらえる広告』（アスキー新書）。

01　業務のアイデア、講演のメモ、日常で目にしたことなど何でも書き付ける。数日で使い切ることもザラにある。

02　ノートにはいつも4色ボールペンで記入。4年程前に齋藤孝さんの「三色ボールペン」術を読んで以来、その方法を応用して実践している。1色多いのは、絵コンテ用に黒を加えているから。

コクヨノートに30年間メモを取り続ける

とにかく何でもメモを取る、のが鉄則です。その理由は「書き留めない限り、すべて消えていく」から。覚えておこうと思った情報、自分のものにしたいと思った情報は何でも自分で書き留めて、反すうすることで脳に定着させる。ポイントは一箇所にまとめることと、すべて時系列で管理することです。日付を入れておくことで、後から探し出すのが容易になります。

ブログやTwitterでもメモをつけています。特にブログは、かみ砕いて消化するプロセス。文章を書く過程で自分の批評や考察が入ります。単なるブックマークでなく、書きながら考えることによって、情報がアイデアに変化する。それが一番の財産になると思います。Twitterは推敲ができないので、ブログで作った自論を世に問うためのツールという位置づけです。表現のアウトプットを生業とするならば、こういうものを日常的につけた方がいいと思う。忙しい日常の中でコンスタントに時間を作ることは難しいですが、最近極薄モバイルPCを購入し、これでどこでもブログをタイプできる！と期待と妄想を膨らませています。

アイデアを出すことは、実は誰にでもできることだと思います。というのは、アイデアとは有りモノの組み合わせだから。しかもヒントは常に、人気の現象やサービスにあるから、これを盗めばいい。そう考えれば、気が楽になりませんか？ただし表層ではなく本質を見極めて盗むこと。要は、その観察と着眼を習慣にして続けられるかどうかです。アイデアを頼まれたときに常に出せる状態にしておくには、頼まれていないときでも出し続けるトレーニングが必要。こうして日々メモを取る習慣は、結局のところ、発想や着想に対する「デッサン力」を落とさないためのトレーニングのようなものなのだと思います。

アイデアは訓練次第で出せるようになる

秋草 孝

アイデア教育の重要性をいち早く唱えてきた電通出身の秋草孝さんは、金沢美術工芸大学での取り組みで、就職状況を目覚ましく改善させるなどの成果を上げてきた。「アイデアは、トレーニング次第」。それが秋草さんの信条だ。

教育現場でアイデア教育の重要性を実感

私自身、アイデアを出すことが最初から得意だったわけではありません。どちらかといえば苦手だったと思います。だから、苦労して身につけたアイデアの出し方を若い人に知ってもらいたい。そう考えて、アイデア教育をはじめたんです。

初めて教鞭をとってみて、日本のデザイン教育からアイデアを考える教育がすっぽりと抜け落ちていることに気付きました。「アイデアは大事だ」とどの美大の教員も口では言うのに、講義は表現偏重で、誰もアイデアのための訓練を用意していない。これは良くないと、まずは広告の事例を見せながら、アイデアとはこんなものだと学生に説明することからはじめました。

やがて、アイデアそれ自体について説明する必要性を感じるようになります。そこで、さまざまなアイデアの本を読み、ジェームズ・W・ヤングの『アイデアのつくり方』をベースに自分なりのアイデア論を組み立てていきました。2003年より教鞭をとった金沢美術工芸大学では、本格的なアイデア教育に取り掛かります。1年次の最初の授業は、アイデアのオリエンテーションです。これまでアイデアの訓練を全くしていない学生たちに、いきなりアイデアを出せと迫っても、難しいですからね。

最初の課題は「ひとコマ漫画」を考えることです。例えば「親切」といったテーマを与えて、ひとコマでそのテーマに応え、なおかつ見た人を笑わせるものをつくる。他にもぱらぱら漫画の制作や、キーワードのビジュアライゼーションに取り組みます。こうした演習を1、2年次に徹底的に行うことで、これまでの常識をくつがえす思考習慣を身につけるのです。3、4年次には応用課題として、マインドマップを活用してアイデアを生みだし、自由制作課題に取り組んでもらいます。

漫画を描いて「笑わせる」例がわかりやすいですが、これらの課題はすべて、人の心を動かすための訓練です。アイデアとは、人の心を動かす力があるということ。昔はポスターを一枚作れば、それが“デザイン”だったかもしれません。しかし今は、手を動かすデザイン作業よりも、課題に対していかにアイデアを提案するかという思考作業の方が優先されます。そして、ほとんどの学生は社会に出るまでそのことに気付かないのです。だからこそ、学校でアイデア教育に取り組む必要があるのです。

トップクリエイターの条件とは

ここで、アイデアが出せるトップクリエイターの条件について、私なりの見方を紹介したいと思います。まず断りたいのは、トップクリエイターは一般的に頭のいいことではない。論理や分析力などの知的能力はアイデアにおいては重要な能力ですが、いくらその能力に長けていても、感覚的で柔軟な思考能力に欠けていれば、アイデアを生む能力は低くなってしまいます。

トップクリエイターにとって最も重要な資質は、人を驚かしたり、笑わせることが何よりも好きなことです。そして、世の中を動かしたいという気持ちを持っていることです。そんな彼らは、概して行動的で人が好きで、チャレンジ精神やサービス精神に富んでいます。プラス思考の目立ちたがり屋であり、義理人情には厚く涙もろい。また、常識人ではありながら、常識をそのまま鵜呑みにすることはありません。いつも新しいことを考えるのが好きで、直感力とひらめきを大事にします。古い体制は嫌いますが、同時に伝統的価値もよく認識しています。

そして何より、考えるのが好きな人たちだと言えます。どのような問題でも、何が

あきくさ・たかし
1943年生まれ。69年日本大学芸術学部卒、電通入社。アートディレクター、アート部長、クリエーティブディレクターを歴任。同時にクリエーティブ能力開発担当を兼任。日本大学芸術学部デザイン科非常勤講師、金沢美術工芸大学デザイン科視覚デザイン専攻教授を経て、大阪成蹊大学芸術学部教授（現在は退任）。著書に『見えるアイデア』（毎日新聞社）。

01　3年、4年次の課題で制作したマインドマップの例。マインドマップは、一枚の大きな紙にさまざまなアイデアを書きつけることに意味がある。俯瞰することで、思いもよらぬ2つのアイデアが結びつくからだ。

重要なのか、常に物事の本質を見極めようとし、そのために鋭敏に感覚を研ぎ澄まして、人の何倍も考えようとします。

彼らも最初からアイデアは出なかったかもしれない。けれど、現場で実践を通じて苦しみながら、アイデアの秘密を知り、自ら独白のトレーニングを課してアイデアを獲得してきたのではないかと思います。

「アイデアは苦手意識が最大の敵」と著書『見えるアイデア』の中で書きましたが、アイデアは誰にとっても難しいものです。「自分は向いていない」と諦めてしまう人が多いのはそのためです。苦労をいとわずに考え抜くことができる人だけが、アイデアを引き寄せることができます。

本気で考えているか？を自問してほしい

現場のクリエイターを見ていて思うのは、彼らは案外“なまけもの”が多いということです。特にアートディレクターは、周りにコピーライターやCMプランナーなど優秀な人が多いからつい任せてしまう。あるいは、外部の制作会社に丸投げしてしまう。大きな会社ほど、逃げ場が多いからそんな態度でもまかり通ってしまいがちです。

クリエイターがサラリーマン化したらおしまいです。真にクリエイターであることを望むなら、一般的な意味でのサラリーマンと一線を画する人種でなければなりません。志を内に秘め、世の中が抱えるさまざまな問題と戦う意思、覚悟がなければ、人の心を動かせるはずがありません。特にヴィジュアル・コミュニケーションは世界の国境を越えることができるのですから、アートディレクターは自分が「世の中を変えられる、世界で最も平和な武器」を持っていることをもっと自覚してほしいと思います。

現場では、日々の仕事の実践の中で考えること自体がトレーニングになります。考えることを嫌がらず、仕事に真っ向から向かい続けること。自分の仕事を通じて、どうしたら社会をプラスに変革し、世の中に幸せや喜びをもたらせるかを考える。人々に喜びを与えることができれば、それがまた自分の喜びにもなる。そうすれば、アイデアを出すことが楽しくなって、いつも頭がフル回転するようになる。それを続けていれば、いつの日かトップクリエイターになれるのです。

作：嶽真衣子

01

秋草さんのアイデア教育カリキュラム

（『見えるアイデア』を参考に編集部作成）

1年次、2年次：

アイデアトレーニングの基礎

例）
- ⊙ひとコマ漫画
- ⊙2コマ漫画
- ⊙ぱらぱら漫画
- ⊙キーワードのビジュアライゼーション
- ⊙1枚の表と裏を使ってひとつのテーマを表現

➡これまでの常識をくつがえす柔軟な思考を習慣づける

3年次、4年次：

クリエーティブ課題に取り組む

例）
- ⊙マインドマップの活用
- ⊙応用課題作品制作（自由作品）
- ⊙1年生との共同演習課題

➡常識を超えた面白いアイデア作品が続々と生まれるようになる

➡全国トップレベルのクリエーティブ思考力が養われる

脳を使いこなして アイデアを 生みだそう

医師・医学博士
加藤俊徳

アイデアについて考えるときに欠かせないのが、「脳」の話。アイデアを常に生み出すクリエイターの脳は、他の人と何が違うのか？ 脳の部位を機能別に番地分けして鍛える「脳番地」を提唱する加藤俊徳さんに、「アイデアを生み出す脳」の条件を聞いた。

強い理想に向かう脳がアイデアを生む

アイデアを出せない人は、自分に知識があることを自負しやすいタイプの人です。昔から熱心に勉強し知識を詰め込んできた優等生タイプの人は、脳の中で「知識を溜める」ための道路（思考ルート）が発達しています。だから「アイデアを出せ」と言われると、自分の知っている中から言葉を組み合わせて出そうとしてしまう。脳の中のごく狭い領域だけを使って解決しようとするんです。

ですが、本当にいいアイデアが出るのは、脳全体を総動員して考えているときです。そのためには、「形のない理想」を持つのが有効です。例えば「あの人のために何とかしてあげたい」と思ったとする。「何とかする方法」なんて脳は知らない。だから全体がフル回転します。こうした信念や道徳心に関わる思考は、脳全体を活性します。なぜなら、脳には知識や運動のための道路はあっても、道徳心の道路はありません。脳は形にならないものについて考えるとよく働き、逆に言えば、形が見えた途端に一気に働かなくなるんです。

だからクリエイターであれば、誰かが既に実現させた理想ではなく、理想自体をクリエイトしてほしい。日本人はよく太いアイデアを出すのが苦手と言われますが、誰も手をつけていないような理想に向かっていくことは、その過程自体がアイデアを生み出す装置になります。ここで大事なのは、ひとつは「逃げないこと」。2つ目は「継続すること」、3つ目は「みんなが喜ぶような方向に向かうこと」。人間の脳は自由自在です。「自分は頭が悪い」という思い込みや、変なプライドは一刻も早く捨て去った方がよいのです。

脳が成人式を迎えるのは30歳

脳の成人式は30歳だと思っています。だからこそ、20代の間に自分の脳をどうつくりこんでいくかが大事です。私が数年前から懸念しているのは、右脳の奥、つまりイメージにまつわる番地が使われなくなってきていることです。代わりに左脳の奥、言葉から発想するタイプの人が増えていると感じています。

携帯電話で撮った写真やネット動画がこれだけ氾濫する時代、そんなことはないと言う人がいるかもしれません。しかし、これらの技術の発達のおかげで、逆に自分の目で本当にものを見なくなっているのではないでしょうか？ 携帯電話の画面を覗いて、ボタンを押して“見ること”を済ませていないでしょうか。氾濫するデジタル写真や動画のおかげで、自分の眼と脳で捉えて判断する訓練の機会は相当失われたと思います。映像は事実確認にはなるけれど、皆が同じ映像を見て、同じことを言い合っている状況は、没個性につながっていくような気がします。

逆にこんな状況下では、自分なりの脳の番地のスタイルを持つことができれば、カリスマクリエイターになれる。ひとつの言

かとう・としのり
医師・医学博士／「脳の学校」代表。新潟県生まれ。昭和大学医学部大学院卒業。米国ミネソタ大学放射線科MR研究センターにて脳イメージング研究に従事。医師としての研究・臨床活動のかたわら、独自のMRI脳画像鑑定技術を生みだし、これまで1万人以上の脳を分析。現在「脳の学校」にてMRIを用いた「脳個性」の鑑定や、個人・企業の脳教育アドバイスも行う。著書に『脳番地を鍛える』（角川SSコミュニケーションズ）、『脳はこの1冊で鍛えなさい』（到知出版社）など。

01

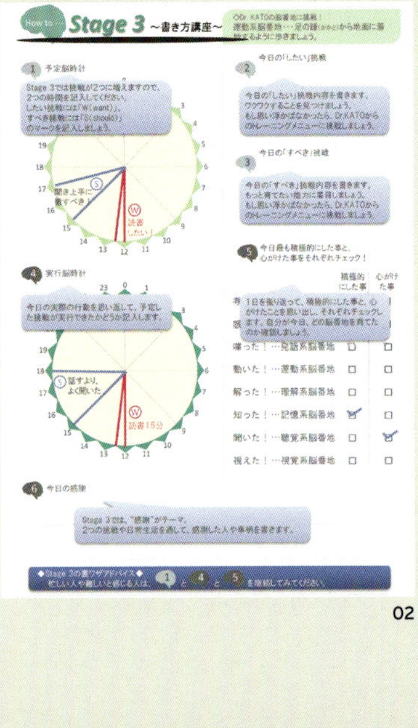

02

01.02　日々の脳の使い方を記録し、生活習慣を振り返るための「脳番地日記」。
03　大まかな脳番地のイメージ図（実際には120の番地に分類）。現代では自分の目で見たものをしっかりと知覚し、右脳で考えられる人が減っているという。

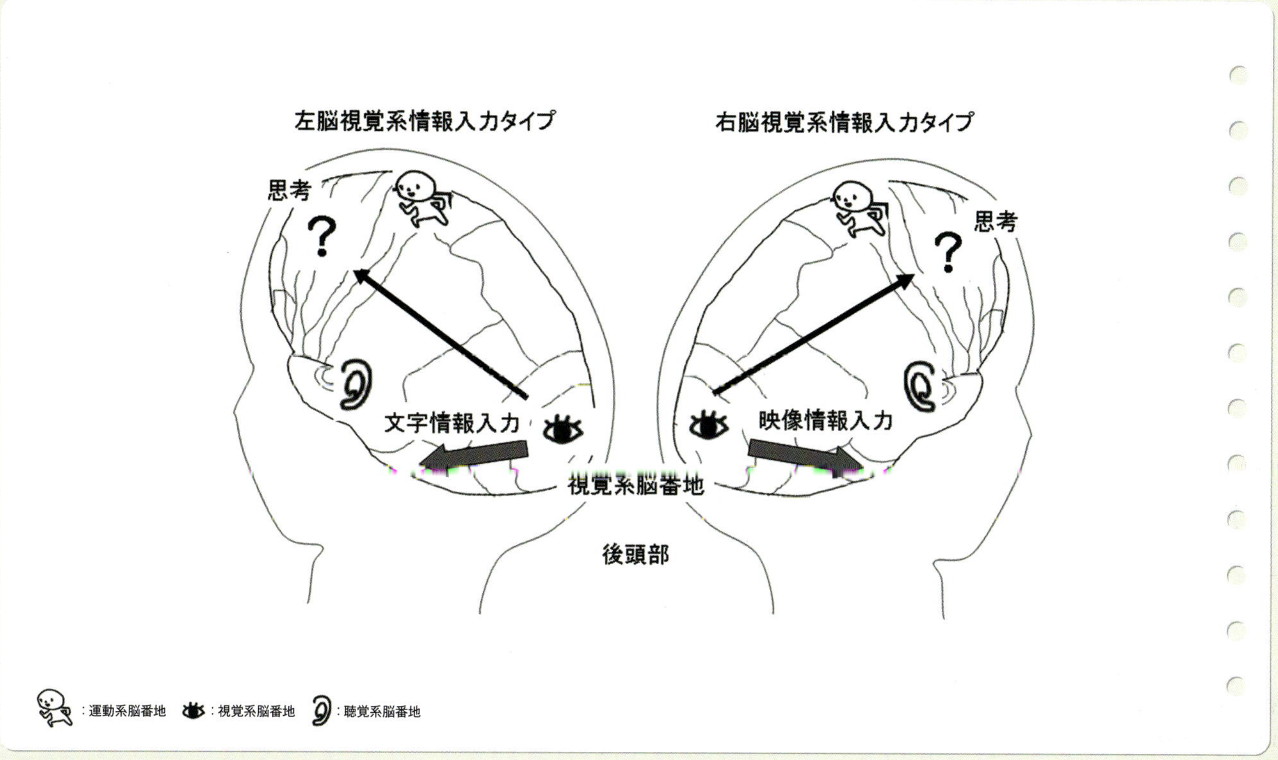
左脳視覚系情報入力タイプ
思考
?
文字情報入力
右脳視覚系情報入力タイプ
思考
?
映像情報入力
視覚系脳番地
後頭部
：運動系脳番地
：視覚系脳番地
：聴覚系脳番地

03

葉や行間から発想が広げられる人は左脳奥が発達したタイプ、逆に映像から発想し、言葉は比較的朴とつとしているような人は右脳奥が発達したタイプです。自分のタイプを知ることが、脳を育てる第一歩です。

苦手なことの周囲に得意なことがある

すべての人にはクリエイターの素質があります。「自分には才能がない」なんて大きな間違いで、脳を育てていないだけです。この特集を読んで「あの人はすごい」なんて思っていても、自分のためにはこれっぽちにもなりませんよ（笑）。100ページ読むよりも、自分が気になったフレーズがひとつでもあったら、そこからまず実践してみてください。

脳番地の中には、人によってはどうしても働きにくい場所があります。いわゆる苦手分野です。でも、一生懸命取り組めば、その周辺の分野がカバーしようと発達して、新たに得意な分野ができます。脳とはそういうものです。苦手だからと行動しなければ何も起きませんが、あきらめなければ必ず何かが起きる。

アイデアは、それまでの努力の結果でしかありません。「自分は全然ダメだ」と感じるときでも、結果が出ていないだけで、頭の中では着々と来たるべきアイデアに向かって進行しています。だからあきらめないことが大事。例えば日常で何かがこれまでと違って見えたなら、それは自分が変化しつつある証拠。もうアイデアを生み出す準備はできています。

21世紀は自分の脳を創造的に作っていく時代

日常生活の中で使う脳番地を意識的に変えていくことは、アイデアを生む近道です。一番簡単なのは、運動をすること。見たり書いたりする思考作業は脳の前方の番地を中心に使います。運動は脳の真ん中を使います。文字を書く作業をした後に運動をすると、今まで使っていた番地で酸素を使わなくなるので、その部分がリラックスするんです。そうやって一度緊張をほぐしてから再度考えると、また違う発想が生まれやすくなります。

時間の使い方を変えるのもいい方法です。考えは、生活習慣にひもづいていますから、普段より1時間早く起きてみる、あるいは寝てみるだけでも変わります。日本人は睡眠不足の人が多いですが、確実に視野が狭くなり、アイデアが生まれにくくなります。私が開発した「脳番地日記」（01,02）は、脳を毎日どのように使ったかを記録するためのものですが、こうして1カ月、1年と自分の生活習慣を振り返っていくと、自分にアイデアが“来る”状況がわかるようになってきます。例えば自分はジョギングしているときや、朝の出勤中にアイデアが出るのだ、といった具合です。それがわかれば、今度はアイデアを出す状況をコントロールしやすくなります。

不況の閉塞感の中で、わかりやすい成功イメージがない今の時代は、アイデアが出にくい状況と言えるかもしれません。でも、だからこそ、21世紀は自分の脳を創造的に作っていくべきなのだと思います。自分を高め、人も喜ばせられるような理想を見つけ、その実現方法について毎日考えること。根気よく続けていけば、その過程で絶えず新たな自分に出会うはずです。そしてその変化を前向きに受け入れられる人こそが、「脳を使いこなせる」クリエイターと言えるのではないでしょうか。

自分を変えたアイデア本教えて下さい

ある一冊の本との出会いで自分が変わることがある。「アイデアを出す」ことについて、自分自身に影響を与えた本は何か、今回取材した方々に教えてもらった。俗に言う「アイデア本」とはちょっと違ったラインナップ。各クリエイターのコメントと共にお楽しみください。

思考の整理学

外山滋比古著（ちくま文庫）

1986年に出版されたアイデア本の古典ですが、僕がこの本に出会ったのは『ファストアイデア25』をほぼ書き終えた頃。20年以上も前に書かれた本なのに、『テーマは寝かせる』『とにかく書いてみる』『忘れる』など自らの発想のコツと重なる部分が多いことを知り、とても共感できました。（秋山具義さん）

4、5年前に「アイデアとは何か」というテーマの本をいろいろと読みあさっていた中で出会った、最も印象深い本です。「熟成させて残っていくのが自分のなかで興味あるもの」「すごいアイデアだ、と思っても寝かせることが重要」という内容は、より戦略的なコミュニケーションとクリエイティブを考えていく立場となった今、大切だと実感しています。（渡辺英輝さん）

思考の整理学

ジェームズ・W・ヤング著（阪急コミュニケーションズ）

20世紀アメリカの広告黄金時代から、今にいたるまで通用するアイデア本の古典です。アイデアは、資料集め→理解→忘却→組み合わせの新発見、というプロセスを必ず経る。アイデアの基本は、すべてこの本に書いてあります。昔はこのプロセスをマディソン・アベニューのスタッフとやるのが広告の仕事だったんでしょうが、今はこれをネットを使って世界中のユーザーと一緒にやることこそが大事なんでしょうね。（須田和博さん）

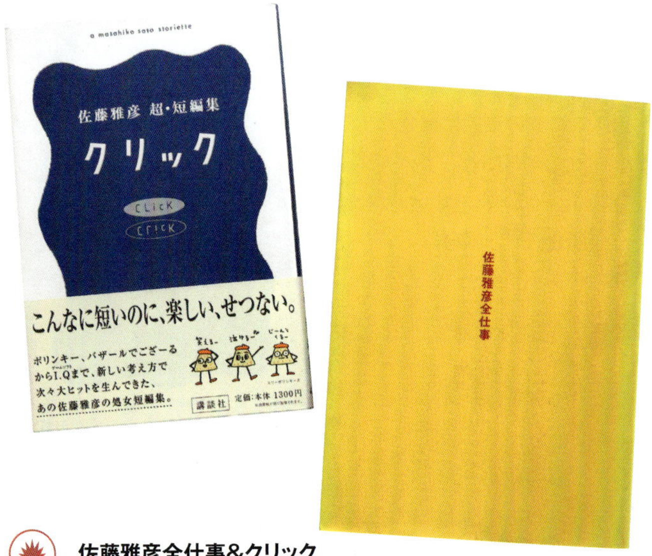

佐藤雅彦全仕事&クリック

大学で佐藤さんの講演を聴いたのがきっかけで読みました。広告って何て面白いんだと目からウロコが落ちた一冊です。この本がなかったら、今広告クリエイターにはなっていないはず。「CM制作日記」からは、日々記録をつけ続け、自分のひらめきや発見をフロー情報でなくストック情報にする大切さを学びました。（佐久間英彰さん）

➡『佐藤雅彦全仕事』佐藤雅彦著（マドラ出版）

佐藤雅彦さんの短編集。何度読んでも発見があります。「気付く」ということに気付かせてくれる、数少ない本だと思います。その時の自分のコンディションや置かれている課題によって、毎回必ず違ったスイッチを押してくれます。（佐久間英彰さん）

➡『クリック』佐藤雅彦著（講談社）

まんが

藤子不二雄著（ものしり100シリーズ 入門編、実技編／若木書房）

1976年、小学3年生の時に買った本です。僕はアイデアというものを、この本で学びました。マンガを描くための子供向けの入門書なんですが、どんな元ネタから何の資料を集めて、どうアイデアを膨らませてマンガを書けばいいのか、懇切丁寧に書かれています。小学生の頃からいろんな写真を切り抜いて集め、よく見る習慣が身についたのはモロにこの本の影響です。結局、その習慣からグラフィックデザインに進み、情報を分析的に見るクセもつきました（笑）。敬愛する藤子先生の、僕の一生のバイブルです。（須田和博さん）

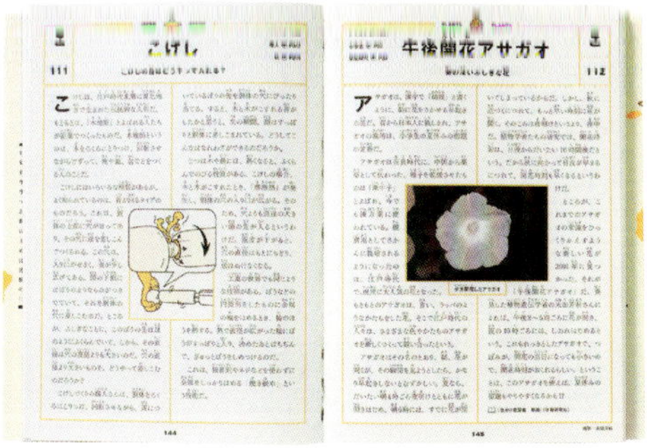

アラマタ大事典

荒俣宏監修（講談社）

荒俣宏さんが収集した300以上の雑学を紹介する、「雑の中に身を置く」ための一冊です。この雑学が今すぐに役に立つかと聞かれれば、まったく役に立たないかもしれないけれど、すべてのビッグアイデアはそんな知識の組み合わせから生まれるのです。僕は家のトイレに常備しています。同様のテーマでは、SF界の巨匠 アイザック・アシモフの雑学メモ集『アシモフの雑学コレクション』（新潮文庫）もお薦めです。訳は日本のSF界代表、星新一さんです。（嶋浩一郎さん）

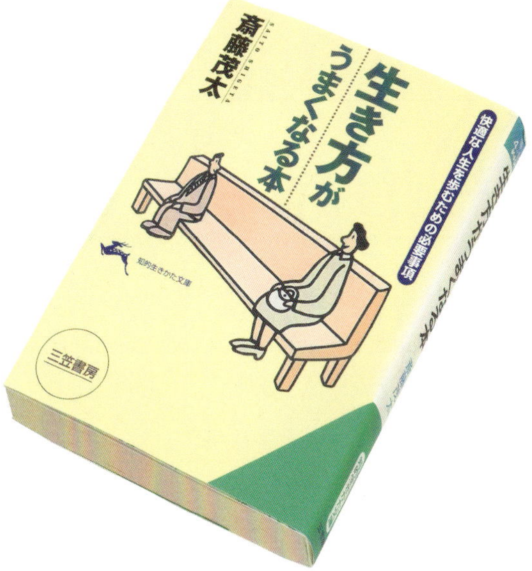

仲條正義の仕事と周辺

仲條正義著（六耀社）

1998年に発行された、仲條正義さんの作品集ですが、この中に散りばめられた仲條さんの言葉が最高に面白い。クリエイターが個性を持つということに関する戒めがたくさん載っています。クオリティを上げることだけでなく、人の心をつかむ大切さについて説く仲條さんならではの強い言葉が突き刺さる。他のデザインやアイデアに関する本は「なるほど」と思いますが、これは「やられた」と感じる本です。（福島治さん）

生き方がうまくなる本

斎藤茂太著（三笠書房）

学生時代に読み、感銘を受けた本です。10年後までの自分の人生の計画を立てる方法など、それまでの自分になかった発想に影響を受け、社会人となった後の指針になりました。嫌なことがあっても『そういう時こそ外に出て人に会おう。閉じこもってしまわなければマイナスをプラスに転じることができると考えよう』、と書いてあったのを読んでからは、嫌なことがあったお陰でこの成功があると思えるようになりました」。（秋山具義さん）

CHAPTER 02

私の発想法 2

情報を見る角度を変える、深く掘り下げる、
足す・引く・置き換える・分解する。
マップの形に表現してみる。
出会ったアイデアを育てていくための
アイデアマネジメントの実践法とは。

体験こそ
全てに勝る
情報の宝庫

サムライ
佐藤可士和

アイデアや発想法に関する著作を送り出してきた佐藤可士和さんが、新たに「クリエイティブシンキング」をテーマに体験型施設「カップヌードルミュージアム」を作った。佐藤さんにとって、発明や発見につながる創造的思考とは何か。

さとう・かしわ
1965年生まれ。アートディレクター／クリエイティブディレクター。多摩美術大学卒業後、博報堂を経てサムライ設立。主な仕事にユニクロ、楽天グループのクリエイティブディレクションなど。著書に『佐藤可士和の超整理術』『佐藤可士和のクリエイティブシンキング』（共に日本経済新聞出版社）など。

仕事は違ってもアイデアの本質は同じ

「クリエイターだけではなく、どんな仕事であっても創造的思考は必要。僕が『超整理術』などの本を書くのも、一般のビジネスパーソンにこそ、創造的な考え方で身近な問題を解決する重要性を知ってもらいたいからです」と佐藤可士和さんは話す。

2011年9月に横浜みなとみらいにオープンしたカップヌードルミュージアム（正式名称：安藤百福発明記念館）は、カップヌードルを生んだ安藤百福さんの創造的思考の素晴らしさを、広く世の中、特に子どもに伝えるための体験型ミュージアムだ。

その象徴的な展示が、「クリエイティブシンキング ボックス」と名付けられた一連の体験型展示。卓越した発想力で、大胆なアイデアを次々と実現させた安藤さんの優れた思考法を6つのキーワードに集約し、各々に対応する展示を考案した。6つのキーワードは、「まだ無いものを見つける」「なんでもヒントにする」「アイデアを育てる」「タテ・ヨコ・ナナメから見る」「常識にとらわれない」「あきらめない」。いずれも、安藤さんの著作や日清食品の保有する膨大な資料を読み込んで、そのエッセンスを抽出していったものだ。

「ただ発明や発見をしなさい、と言っても実行に移すのは難しい。そこで、“こういう考え方ができれば発明、発見に結びつくかもしれない”という道筋を6つのキーワードで提示することにしたんです」。事業家の安藤さんとアートディレクターの佐藤さんでは、仕事のジャンルも職種も異なる。しかし、思考法という面で見れば参考になる点や共感できる点が多く見つかり、佐藤さん自身大いに刺激を受けたという。

前例がないから
オリジナリティが生まれた

カップヌードルミュージアムには、東日本にミュージアムを作る構想が持ち上がっ

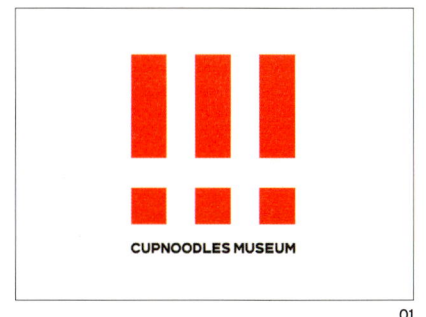

CUPNOODLES MUSEUM

01

02

03

04

05

06

た約2年前から、総合プロデューサーとして関わってきた。余分な装飾の一切ないスクエアな建築デザインにはじまり、1階から5階まで全フロアのコンテンツと展示のディレクション、内装のアートディレクション、ミュージアムグッズの開発までトータルで手がけるのは、佐藤さんにとっても大きな挑戦だった。

建物を直方体のボックス型にしたのは、建物自体を発明・発見が詰まっているボックスと設定したからだ。おもちゃ箱のように、この中にさまざまなコンテンツが入っているイメージを描いた。インスタントラーメンの歴史をひもとく実物展示に、安藤さんの生涯をCGアニメで見せるシアター、前述の「クリエイティブシンキングボックス」、オリジナルカップヌードルの制作体験、チキンラーメンを麺づくりから体験できる工房、カップヌードルの製造工程を遊具になぞらえたアスレチック、世界の麺が味わえる飲食エリア…。このおもちゃ箱は、1日では遊びきれない量のコンテンツで子どもたちを迎える。

「子どもが飽きないよう、さまざまな楽しい切り口を用意しました。他の企業ミュージアムも見て回りましたが、目的が全く違っていたので、参考になるものは皆無に等しかった。日清食品ホールディングス専務取締役の安藤徳隆さん、安藤スポーツ・食文化新興財団の担当者と打ち合わせを幾度も重ねてコンセプトを設定し、さらに各展示の担当者の方とディテールを詰めて作り上げました」。膨大な作業量に、予想のつかない仕事の連続。生み出す苦労は相当なものだったが、結果的にオリジナリティのあるミュージアムが生まれた。

面白いのは、発想の6つのキーワード「まだ無いものを見つける」「常識にとらわれない」「あきらめない」…その全てがこのミュージアムづくりそのものに当てはまっていたことだ。「いま思うと、全部この言葉通りに進めたらミュージアムができた、ということだったんです」と振り返る。

初年度の入場者の目標は100万人だが、9月のオープン後3カ月で早くも30万人を突破。10カ月半で目標を達成した。多数のメディアでも報道された。このまま行けば、日本で一番人気を誇る企業ミュージアム、鉄道博物館の入場者数にも迫れるのではないかと期待は高まる。

体験から得る情報量はメディアに勝る

そんな佐藤さんは日常的にどのように情報をインプットし、蓄積しているのだろうか。「期待とは違う答えかもしれないけれど、クリッピングなどで情報をストックすることはありません。出会ったその瞬間に処理して、必要なものは頭の中に入れておく。忘れるような情報は大した情報ではないんです」。

新聞も本もニュースサイトもTwitterも一通り見る。しかし溜めこむことはしない。クライアントに関する情報は社内でクリッピングして回すが、回覧し終わればあっさり捨ててしまう。「見返したければ、ほとんどの記事はネット上にある。検索するキーワードを覚えてさえいれば大丈夫。本や写真集を『あの辺に載っていたな』と見返すこともあるけれど、それは大抵人に見せて共有するため。ネタとはちょっと違います」。以前はネタ帳をつくっていたこともあったが、使わないのでやめてしまった。「ネタ帳に面白いアイデアなんてない」からだ。

むしろ大事なのは、問題意識や仮説を持ちながら日々を送ることだと指摘する。「問題意識がなければ、どれだけ情報を見ても

07

08

09

10

11

12

佐藤さんが考える発明・発見の本質
(カップヌードルミュージアムより)

**まだ無いものを
見つける**

✣

なんでもヒントにする

✣

アイデアを育てる

✣

**タテ・ヨコ・
ナナメから見る**

✣

常識にとらわれない

✣

あきらめない

素通りしてしまいます。例えば、新しいクライアントを担当すると、新聞を読んでいても今まで見えていなかった記事の存在に気づく。セブン-イレブンの仕事をするようになってから、新聞にコンビニに関する記事がこんなに載っていたのかと驚きました」。引っ掛かるフィルターをどれだけ持っているかで、同じ情報に接していても、得られる情報の量も質も異なるのだ。

さらに、メディア以上に佐藤さんが重視するのが、体験から得られる情報だ。「農業問題の本を何冊読んでも、畑で野菜を抜いて洗って、食べて過ごす1時間に得られる情報量には適いません。一度農体験をすると、野菜や農薬のこと、植林のこと、さらに地球環境についてなど次々と気になることが出てきて、関心の範囲が一気に広まります。農園のオーナーと話せばさらに新しい視点や情報が得られる。体験を通じて新しいフィルターを増やしていくんです」。

本当に大事なことは書かれていてない

佐藤さんのもうひとつの情報源は「仕事」だ。「仕事は、最高の情報源です。ホンダの仕事をすれば自動車業界のトレンドがわかるし、セブン-イレブンの仕事をすればコンビニ業界に詳しくなれる。ユニクロの仕事はファッション業界に、明治学院大学の仕事は教育業界に通じている。こうした仕事を通じて感じるのは、貴重な情報であるほど、メディアには出ていないということです」。

以前、元NHKキャスターの手島龍一さんから「本当に重要なことは絶対に活字になっていない。それは人の口から口へと伝えられるもの。そういう情報をたくさん持っている人こそがインテリジェンス（重要な情報を持っている人の意）」だと聞いた。

情報は鮮度が命。ネットに載っている情報ですらも数分後には古くなっている。本当に役立つ生きた情報は、ビジネスがダイナミックに動く現場から得られることを、佐藤さんは経験を通じて学んでいる。

01　カップヌードルミュージアムロゴ。カップヌードルのパッケージに印刷されたパターンに着想を得て、発明・発見を意味する「！」が3つ連なった形に。

02　ミュージアム外観。大阪・池田市にある「インスタントラーメン発明記念館」をさらに規模を大きく、発展させる形で東日本にも作りたいと計画された。

03　エントランスの幅10mの大階段と、5階までの吹き抜け。日常の空間からミュージアムの非日常空間へと意識が切り替わる。内装の素材は木とステンレス、色は白・黒・赤に統一した。

04　インスタントラーメンの歴史を知る「インスタントラーメン ヒストリーキューブ」。3000点を超えるパッケージを展示する。

05　自分でデザインしたカップに、好みのスープと具を入れてオリジナルのカップヌードルを作る「マイカップヌードルファクトリー」。

06　小麦粉からチキンラーメンができるまでを手作り体験する「チキンラーメンファクトリー」。土日は3カ月先まで予約が埋まる人気プログラム。

07～12　発想の6つのキーワードと、それぞれに対応する体験型展示が用意された「クリエイティブシンキング ボックス」。現代美術のようなインスタレーションや、トリックアート、触ると反応するオブジェなど、それぞれ趣向が凝らされている。

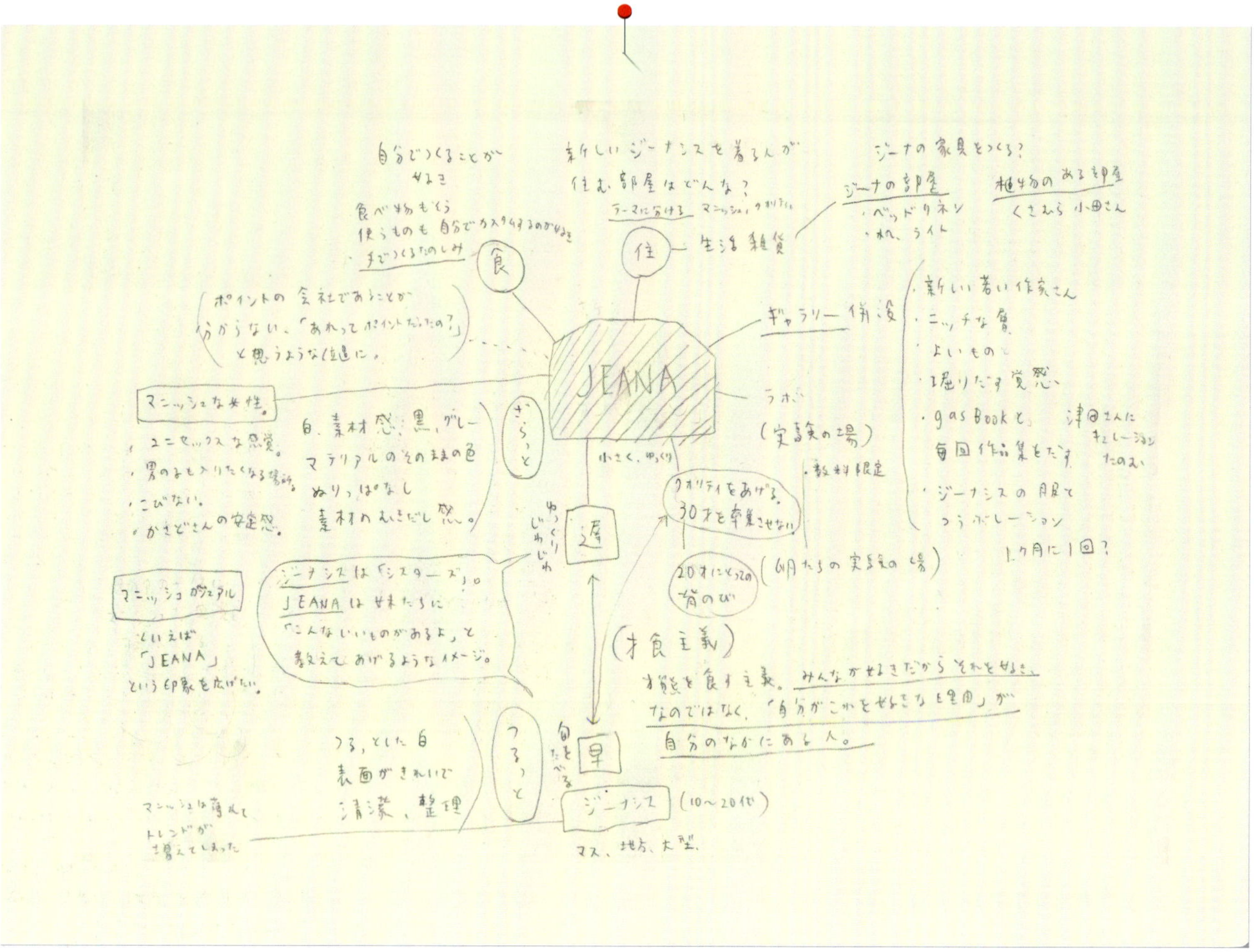

01

「村づくり」を頭に描いてアイデアを育てる

博報堂

長嶋りかこ

シンプルなメッセージを、自分なりに少し考えたくなるような表現でくるむグラフィックデザイナー、長嶋りかこさん。グラフィックやブランディング、自主アート活動などさまざまな分野で活躍する長嶋さんの、アイデアを育てる方法とは。

「ブランド」を囲む村

「そのブランドはなぜ存在しているの？という問いに答えることが、アイデアを考える上で一番大切だと思うんです」と、博報堂のグラフィックデザイナー 長嶋りかこさんは話す。「その答えが単純な利益追求に隠れてしまって見つかっていない、というケースは珍しくなくて。ブランドが大きいほど、商品を売るため、事業を広げるため、お店を広げるため…と答えがブレてしまう。そのブランドが生みだすものは、なぜ世の中に必要なのかという話から始めることをいつも意識しています」。

その答えを見定め、ブランドの目指す世界を具体的にイメージするために行っているのが言葉の「地図」を描くこと。作ろうとしているモノができた後、その周辺はどう変わる？ 街の姿は？ 集まる人は？ その人たちは何を思う？ ――そうして起こる変化こそ、そのブランドが存在する理由だ。紙の真ん中に「そのブランドがこれから起こすモノ／コト」を置き、思いつくまま、まずは言葉を書き込んでいく。いったん出はじめれば、そこからどんどん派生していく。「ロゴやネーミングや商品開発など、ブランディングに携わるときは、ほぼ必ず書きます。特にアパレルブランドはニュアンスにとどまっていることが多いので」。

いま、とあるアパレルブランドのコンセプトショップづくりに携わる。そこでも「地図」は役立った。まもなく社員に向けたブランドブックができあがる予定だ。

言葉を書き連ねるのと並行して、「トーン」「雰囲気」を探すことも。「目指す方向と同じだな、とセンサーに引っかかるものをとにかくいっぱい集めます。アートや建築の本、雑誌、何でも。そうして、ビジュアルのマップをつくっていくんです」。作業を進めるうちに、だんだんとイメージが固まっていく。「『コレではないな』『こっちかな』という判断ができるようになっていって、最終的に実行するとき、頼

02

なかしま・りかこ
博報堂 グラフィックデザイナー、アートディレクター。1980年11月11日生まれ。2003年武蔵野美術大学視覚伝達デザイン科卒業。「ラフォーレ原宿」の年間広告グラ[illegible]のポスターデザイン、「Mercedes-Benz Fashion Week TOKYO」のグラフィックデザイン、アーティスト加茂克也氏『100headpiece』の装丁(GASBOOK)、「YVAN VALENTIN」のパッケージデザイン、HAND MADE ART STORE「BONDO」のブランディング等、グラフィックデザインを基軸に、ブランディング、CI、VI、ファッションデザイン、プロダクトデザイン、広告などを手がける一方、パーソナルワークとして現代美術家の宮島達男氏らと「PEACE SHADOW PROJECT」を行う。

01 長嶋りかこさんがアイデアを考えていく際に描く言葉の「地図」。「仕事だけじゃなくて、迷ったときに自分がどうありたいか地図に描くと、整理されます」。
02 ブランドの「トーン」や「雰囲気」の輪郭をつかむため、アンテナにひっかかった写真を集めた、ビジュアルマップ。

みたい人も浮かんでくるようになります」。この「地図」はクライアントやスタッフに見せて、ゴールを共有するのにも強い味方となってくれる。

長嶋さんは、こうした作業を「村づくりをしているイメージ」と話す。「このブランドの村は、どうすれば住みやすくなるかな、このブランドが好きな人はこんな格好で、友だちはこういう人で、普段はどんなお店に行ったりするかな？ 何があれば、あの人は引っ越してくるかな、とか。そんな足し算・引き算を交互に行う感覚なんです。成熟したけど均一化してしまったブランドであれば、エッジを立たせるために引き算することが多くなるでしょうし、ゼロから立ち上げる際は、まず真ん中にすえるべきものの仮説を立てて、少しずつ要素を足していくことから始めます」。

紙とペンがあれば、どこでもマップは描ける。移動中はiPhoneのメモ機能で思いついた言葉、気になった言葉を入力しておき、見返しながら「地図」を描くこともある。「ずっと好きでいてくれて、一緒に成長していく、そういうファンをつくる作業なんでしょうね。村は、コミュニティの単位として一番小さいじゃないですか。そういう規模から少しずつ世界を広げていくことにとても興味があるし、カタチにできるようになりたい」。

時にはプリミティブな感覚に委ねる

もし、「村づくり」の手が止まってしまったら、どうするのか。そんなとき、長嶋さんは「いったん忘れます」と潔よい。「全く別のこと、例えば、全部感覚で考えてみたり。全く脈絡もなく、“突然巨大なトライアングルが現れたら、フォルムだけでもうたまらんな”とか（笑）。突然すぎますけど、でもプリミティブな感覚を刺激したり、うまく説明できないけれど生理的に好き、という感覚も大事だと思うんです。人が無意識に反応するポイントというのも、デザインで提供できることなので」。

人が無意識に反応するとしたら、何だろう…と、ふと考えを巡らせはじめる長嶋さん。「マットな世界なのにある一部分だけが光っているとか」「スゴイ大きいモノばかりある中に、ちっちゃいモノを置くとか」「モノクロの世界なんだけど、そこだけカラフルとか…」と、次々対比のイメージを話しだした。「対比…ええ、やっぱりものごとは相対的なものだと思います。何かの価値の転換って、いつも相対で起こるんだと思うんですよね」。

こうした、言葉で考えを巡らせていく理知的な作業と、生理的にとらえるインパクトや個人的な美的感覚とがうまく合致するとき、いよいよアイデアが生まれてくる。それを長嶋さんは、「ただのお絵描きじゃないもの」と言う。それこそが、無意識に引きつけられてしまう魅力と、そのブランドが目指すもの、存在理由とを兼ね備えたデザインだ。

正しい関係性はアイデアに帰結する

NOSIGNER
太刀川英輔

NOSIGNERの代表として ブランディングとデザインによる イノベーション開発を中心に活動する 太刀川英輔さん。 デザインをする上で最重視するのは、 デザインするものとその周囲の関係性。 その正しい関係性が見つかれば、 自然とデザインは導き出されるという。

たちかわ・えいすけ
「見えない物をつくる職業」という意味を持つデザイン事務所NOSIGNERを立ち上げ、社会に機能するデザインを模索し、空間・プロダクト・グラフィックなど複数の領域で活動する。また、科学・教育・地場産業のデザインプロデュースなど、社会的意義を踏まえたデザイン活動を続けている。被災地で役立つアイデア・デザインをwikipedia形式のwebで共有する「OLIVE PROJECT」代表。

01「Drip Grip」
水滴をモチーフにデザインされた携帯電話の滑り止めシート。携帯電話につけるシートと、携帯についた水滴という一見全くつながりのないものを美しく融合させた。

02,03「Olive」
太刀川さんが3.11後に立ち上げた、被災地での生活を助けるデザインやアイデアを集め、共有するためのプロジェクト。「オープンソースプロダクト」構想のひとつの形。2011年8月にメディアファクトリーから書籍化。

気体、液体、固体の３段階

デザインが生まれる過程を、太刀川英輔さんは“気体”“液体”“固体”の３つのフェーズで考えている。周辺の環境と、そのモノの関係性を探るのが“気体”のフェーズ。“液体”はその関係性がコンセプトとして定着した状態だ。「気体を液体にするには、圧力をかけ、冷やしますよね。僕にとっては、圧力をかけるとは徹底的に考え抜くことです」。そのとき使うのは、単純な四則演算（足し算、引き算、掛け算、割り算）だという。

例えば、新しい携帯電話を考えるという課題なら、足し算は携帯と何かを融合させること。携帯と本を融合させると、それはiPadやiPhoneかもしれない。名刺と融

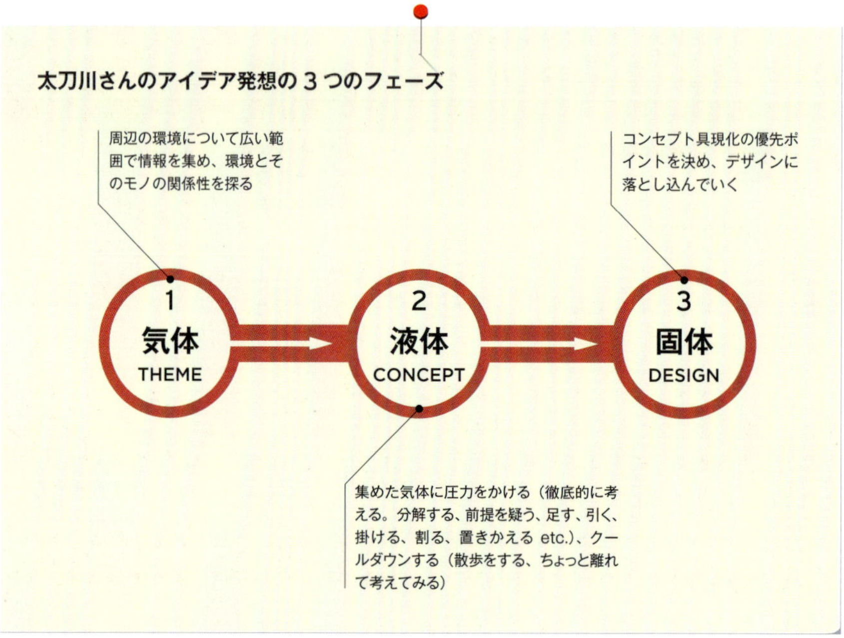

太刀川さんのアイデア発想の３つのフェーズ
周辺の環境について広い範囲で情報を集め、環境とそのモノの関係性を探る
コンセプト具現化の優先ポイントを決め、デザインに落とし込んでいく
1 気体 THEME
2 液体 CONCEPT
3 固体 DESIGN
集めた気体に圧力をかける（徹底的に考える。分解する、前提を疑う、足す、引く、掛ける、割る、置きかえる etc.）、クールダウンする（散歩をする、ちょっと離れて考えてみる）

▼

iPhone

01

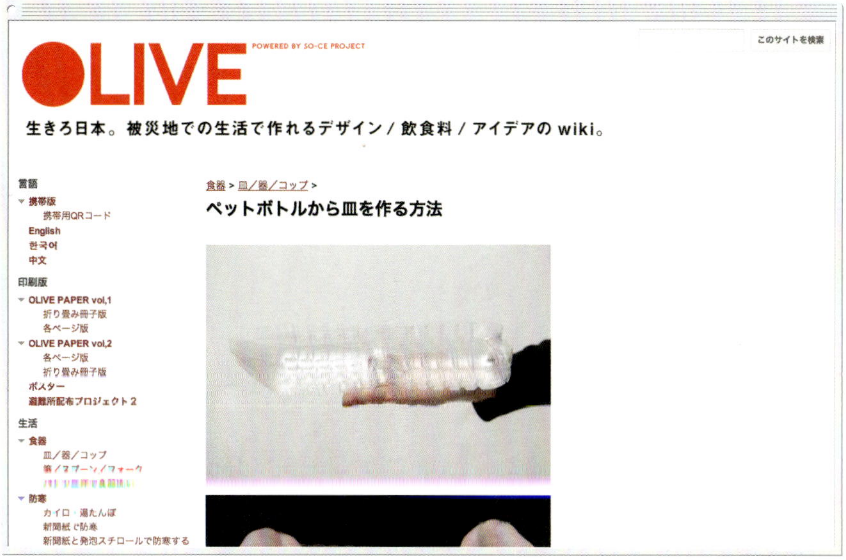

02

合させれば、「Bump」のような連絡先交換用のアプリができる。引き算は、携帯から何かの機能を引くこと。電波のない携帯はありえるだろうか？などと考える。掛け算は、質量やサイズなどを変えて考えること。割り算は、意外なものに共通項を見つけて美しく融合させること。例えば、太刀川さんがデザインした「Drip Grip」は水滴をモチーフにした携帯電話の滑り止めシート。携帯電話につけるシートと、携帯についた水滴という一見全くつながりのないものに、“携帯電話に付着する”という共通項を見つけ、驚きのある形で融合させてしまった。

「単純な思考のジャンプをするだけで、アイデアは無限に出てきます。周囲との関係性を考えることは、つまりそのモノの定義を一度疑ってみるということに他なりません。四則演算は、モノの疑い方のシンプルなルールなんです」。表現を考えるのではなく、関係について考える。そこから表現のアイデアは自然と導き出されるというのが、太刀川さんの考えだ。

新しい関係について徹底的に考え、頭がヒートアップしてきたら、デザインとは全然関係ない時間を過ごしてクールダウンする。散歩をしたり、友達と会って話したり。よいアイデアは、そういうときに出てくるという。「圧力をかけている（考えている）段階でもそこそこの答えは出ますが、考えてたどり着いた答えは、それほどいい答えではありません。いかにも考えていないように見えるいいデザインは、もう少し距離を取って、俯瞰で見ているときに生まれるものです。だから僕にとって大事なのは、考えている時間と、考えない時間を往復するバランスです」。

03

3つめのフェーズ“固体”は、コンセプトを目に見えるデザインとして具現化すること。考えられる方法の中でも、どのやり方が最も本質的で正しいか。いくつか絶対に実現したいポイントを見つけて、そのポイントを中心に素材や加工方法を決めていく。「Drip Grip」の場合は、水滴の形状をどう作るかが大事なポイントだった。さまざまな方法を検討した結果、ホッピングという技術を使い、透明なシートの上に水滴を垂らして成形することにした。「本物の水滴のふくらみから生まれた形で、一つひとつ違う。こういう正直な作り方がいいんです。『Drip Grip』はシンプルなプロダクトなので実現しやすかったのですが、複雑なものであっても、向かう姿勢は変わりません」。

次の課題は、集団でのデザイン

今の太刀川さんの課題は、このプロセスをチームでできるようにすることだ。これまでは、全部ひとりでやろうとしてきた。けれど、チームでキャッチボールをしながら作ることで、デザインの質はさらに上げられると考えている。「自分はゴールセッティングをする人でありたいんです。ゴールをセットしてから、エンジニアや職人たちと、具体的なデザインへの落とし込み方などを話し合い、その中でメンバーの中で得意と不得意を交換しながら、モノの質を高めていけたら」。

NOSIGNERとして取り組む、「オープンソースプロダクト」構想も、そのはるか延長線上にあるものだ。モノをつくるための知識や知見を、社会全体で共有し、もう一度“自分たちの手でモノをつくりだす”くらしを実現するためのプラットフォーム作り。3.11の震災の中で明確な課題を得て、それが形になったのが「Olive」（被災地での生活を助けるデザインやアイデアを集めるデータベース）だった。

「考えているときには、関係性だけ考えて、作り手であることを忘れます」と太刀川さん。作り手の立場になってしまうと、エゴが出やすい。だから自分らしさには特にこだわりを持たない。それよりも、チームづくりやプラットフォームづくりを通じて、いいデザインを世の中に送り出し、社会の中で機能していくことを望む。太刀川さんが取り組んでいるのは、社会全体でのアイデア発想法だ。「半分くらいは社会実験」というその試みは、始まったばかりだ。

無意識からアイデアの原石を引き出すツール

博報堂ブランドデザイン
宮澤正憲

**脳の95％を占める無意識レベルは
アイデアの原石が眠る宝庫だと言う。
だが、そこに潜るのは容易ではない。
博報堂ブランドデザインの宮澤正憲さんは、
さまざまな独自ツールを使い、
アイデアの原石を引き出す手法を開発している。**

みやざわ・まさのり
博報堂ブランドデザイン代表。1990年博報堂入社。ノースウエスタン大学ケロッグ経営大学院（MBA）卒業後、次世代型ブランドコンサルティングの専門組織「博報堂ブランドデザイン」を立ち上げる。東京大学教養学部特任教授。成蹊大学非常勤講師。主な著書に『「応援したくなる企業・組織」の時代』『ビジネスを蝕む思考停止ワード44』『ブランドらしさのつくり方』など。

01 いろいろな形や素材の物質を集めた「マテリアルキット」と、さまざまな色や模様の抽象的なイメージを集めた「ビジュアルコラージュカード」。
02 発想力を引き出す共創型ミーティング空間「アイデアラボ」。アイデアをどんどん書き出せるホワイトボードシート天板机など、各所にアイデアを出しやすくする工夫が凝らされている。
03 共創の手法から生まれたホテル「レム」。全く新しいホテルブランドを作りたいと依頼を受け、睡眠特化型ホテルという新しいコンセプトを開発した。

アイデアは３段階で生まれる

「発想するベーシックな方法は、“広げる・深める・混ぜる”の３段階を繰り返すこと」だと博報堂ブランドデザインの宮澤正憲さんは言う。

“広げる”ときに重視しているのは、どこまで視点を引くことができるか。キーワードは「越境」だ。「ブランディングの仕事であっても、マーケティングや心理学の応用に留まらず、例えば物理学や生物学など、相当関係なさそうなところまで広げてみる。とにかく新しいアイデアが出てくるまで思い切り引いて考えてみるんです」。

広げた後は“深める”。その際に注力しているのが、深層心理まで深めることだ。一般的に、脳の意識レベルは５％程度で、無意識の部分が95％を占めると言われている。「95％の未知の世界に潜る力を大事にしています。その表層の部分に少し潜っただけでも、アイデアはザクザク出てくるものなんです」。

だが、普通に考えているだけでは、自分の深層心理や非言語的領域に入ることはできない。そこで、ツールの助けを借りることになる。10年来活用している「ビジュアルコラージュカード」は、さまざまな抽象的な色や模様のイメージを集めたカードで、現在のストックは500枚を超える。４～５年前から活用している「マテリアルキット」は、いろいろな形や素材の物質を集めたキットだ。

どちらのツールも、テーマに対してあまり深く考えずに、感覚的にひとつを選び出し、後からそれを選んだ理由を考える。あえて後から理由を考えてみることで、普段使っていない脳や深層心理が動き出すきっかけとなり、何となく感じていたことや思いついたアイデアに、裏付けや深みが生まれてくる。

広めて深めた後は、出てきたアイデアを“混ぜる”段階。大事なのはその混ぜ方で、宮澤さんは「混ぜ方のフレームワーク」と呼んでいる。出てきたアイデアを、いつも同じ手法で混ぜていては面白いアイデアにはならない。素材（発想）が面白くて、その上で人と違う混ぜ方をすることで、出てくるものは絶対に面白くなるのだ。

混ぜ方は無限だ。時間軸、因果関係、空間配置を意識して混ぜるなど、そのときどきの課題に合わせて、他にはない混ぜ方を

宮澤さんのアイデア発想の３つのフェーズ

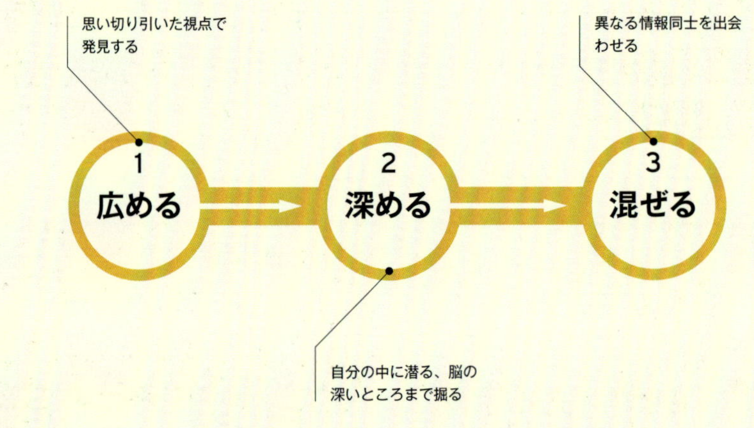
思い切り引いた視点で発見する
1
広める
2
深める
3
混ぜる
異なる情報同士を出会わせる
自分の中に潜る、脳の深いところまで掘る

01

カスタマイズしていく。毎回混ぜ方が変われば、「今日はどんな会議になるのだろう」と参加者はワクワクする。会議が楽しいと、気分も上がり、発想の範囲も広がる。そしてますます面白いアイデアが生まれる。

チームで考えるクラウド型発想法

最近、宮澤さんは「発想はひとりでする必要はない」と考えるようになった。特に“広げる”と“深める”の段階では、もっと外部の力を使えるはず。自分ひとりで「広げよう」と努力しても、その道のプロには絶対にかなわないように、個人が俯瞰して見る力には限界がある。だが、チームで広げれば、良い知恵が集まってくる。「クラウド型発想法」と名づけたチーム発想の3本柱は、発想する“場”と“ツール”“ファシリテーションの技術”だ。

皆で発想する場として、発想力を引き出す共創型ミーティング空間「アイデアラボ」をコクヨファニチャーと開発した。アイデアを出すための専用の会議室で、ブレストしやすくする工夫がそこここに散りばめられている。他にも、JTBコーポレートセールスと共同で1泊2日のキャンプで徹底してアイデア出しをする「ビジネスキャンプ」なども開発。コラージュカードやキットも、チームで使えば、メンバーの多様な考え方を引き出すフックになる。

「今までの発想法のように、ひとりのスーパーアイデアマンが引っ張っていくのではなく、皆で考える方法が増えてきています。今後、クリエイティブ・ファシリテーションは、デザインや企画をする上で必須の技術になるかもしれません」。

ファシリテーションを円滑に進めるためにチームで実施しているのが「ビアトークス」だ。毎月1回夕方6時から、ビールを飲みながら、チーム内のひとりが自分の本質的な部分に関わるネタを、最低1時間語る。それを聞くことで、その人の深いところを理解でき、人柄やアイデア発想の背景を推察できる。

アイデアはそれぞれが心の中に持っている。自分や他人の中に沈みこんでいる原石をどう引き出していくか。手をつくして潜り込み、他人の原石と自分の原石を混ぜ合わせることができれば、アイデアは燦然と輝きだすのだ。

発想するチームを生む3つのポイント

POINT 1 ― 場づくり
POINT 2 ― ネタ
POINT 3 ― ファシリテーションの技術

02

03

企画の設計図を A4のシートに集約

電通
螺澤裕次郎

Webの企画を中心に活躍する アートディレクター／プランナーの 螺澤裕次郎さんの アイデア発想法の鍵は、 モレスキンのノートと1枚のA4の紙だ。 ノートは集めた情報を咀嚼し ストックするためのもの。 A4の紙は、企画の設計図となる。

螺澤さんのアイデア発想法

企画で押さえるポイントを A4シート1枚に集約した「ポイントシート」

＋

手描きのアイデアシートで スタッフと企画を共有

情報は咀嚼しないと生かせない

「いつどんなお題が振られるかわからないので、常にいろいろなものに興味を持ち、基礎力をつけておいたほうがいいと思っています。仕事の課題が来てから情報を仕入れていたのでは間に合わないので」。

頭の片隅にはいつもゆるやかな状態でテーマを置いていて、日常的にぶらりと書店を訪れ、そのときどきのアンテナに引っかかった本を探して読む。1日1冊は本を読むという、かなりの読書家だ。ジャンルは小説以外なら、何でもあり。興味がある書店でお勧めされている本は意識的に読むようにしている。

気になった情報やクリップしておいた方がいいと思う情報は、すべてiPhoneやPCからオンライン上のデータ管理システム「Evernote」に打ち込んでいる。だが、それでは情報を管理しているだけ。「情報は一度自分の中で咀嚼しておかなければ生かせません。だから大事な情報は、要素を抽出して、モレスキンのノートに書きます」。書くことで情報が咀嚼され、体の中に入っていく。

モレスキンのノートに書かれているのは、三島由紀夫などの著名人の本の引用や、さまざまなインタビューからの引用など。いずれもディレクションのツボになると感じたことが書き留められている。一流の人物が考え抜いた結果の言葉は、たとえ仕事と直接的なつながりがなくても、判断基準の参考になる。書き込む内容は厳選し、2〜3年で1冊のノートを使うペースだ。「PCのように電源を入れて立ち上げることなく、いつでも読み返すことができるので、これが一番便利です。たいてい読み返すのは行きづまったときですね（笑）」。

企画は紙に定着させて考える

プランナーとして企画を立てるときは、

かいざわ・ゆうじろう
1971年生まれ。電通 第4CRプランニング局 クリエーティブディレクター。最近は日本コカ・コーラなどを担当。

01 モレスキンのノートと愛用の赤ペン。
02 螺澤さんがこれまで書き溜めたアイデアシートや企画書。色に理由はないが、企画をするときには赤ペンと決めている。ポイントシートには企画で押さえるべきポイントを全て書き出し、済んだものから蛍光ペンで塗りつぶしていく。
03,04 ソニーのブルーレイ〈おまかせ・まる録〉のプロモーションのアイデアシートと、完成したスクリーンセーバー。

01

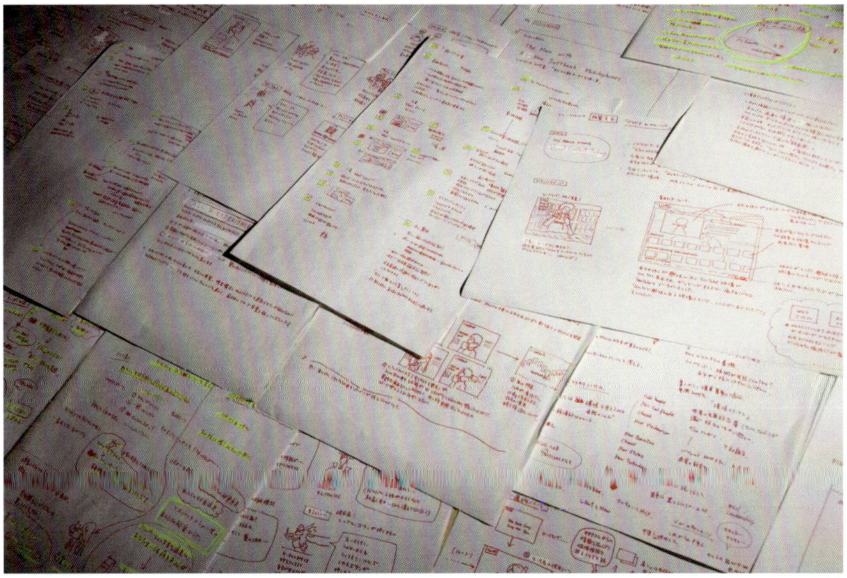

02

オリエンシートの情報や、クライアントの担当者の話、やらなければいけないことや、押さえるべき項目を、一度全部A4の紙1枚に書き出す。途中で迷ったときは、この押さえなければいけない「ポイントシート」さえ見ればいつでも立ち返ることができるし、1枚にまとめて書くことで重要事項を咀嚼することもできる。

クライアントが抱えている課題は漠然としていることも少なくない。与件を整理していく過程で、クライアントの悩みを噛み砕き、具体的な課題としてこちらから示すこともできるようになる。

「ポイントシート」から、具体的なアイデアを抽出したアイデアシートや、スタッフ内で共有するための企画書へと発展させていくが、すべて手描きで体裁が整えられる。ポイントを蛍光ペンで塗りつぶしていけば、必要事項を漏れなく入れることができる。手描きにこだわるのは、紙1枚で俯瞰できるボリュームがちょうどよいからだ。

やると決めたら一気に書き込んで完成させる。着想を時間のロスなく落としこんでいけるのも手描きのメリットだ。パワーポイントならこうはいかない。ドキュメントを綺麗に作るにも、説明するにも時間がかかる。「PCの前では考えないようにしています。だから企画をパワーポイントにまとめるのは、企画書の流れの整理がついた後になります」。

このスタイルを意識的に始めたのは、3年ほど前から。「プランニングで大事なのは、できるだけスタッフに無理をさせることなく、こちらの意図を理解して共有してもらうことだと思います。アイデアシートは紙1枚で自分の意図を明快に提示できますし、スタッフにも簡潔でわかりやすいと言われます」。

アイデアシートを作る前の段階では、机に向かっていることは、まずない。「課題要素を拡散しているときは、ゆるく頭の中に課題を入れておいて、外をぶらぶら散歩したり、寝てボーッとしたり。[illegible]から見ると、仕事をしているようには見えないでしょうね(笑)。自由に考えることが大事なんです」。

アイデアが固まる前はゆるやかな雰囲気の中で自由に発想して、いったん発想が固まればスピーディーに1枚の紙に落とし込む。最近ではアイデアシートをまとめた上で、企画書でもう一度咀嚼する方法が明確になってきた。螺澤さんのA4シート発想法はこれからも進化していく。

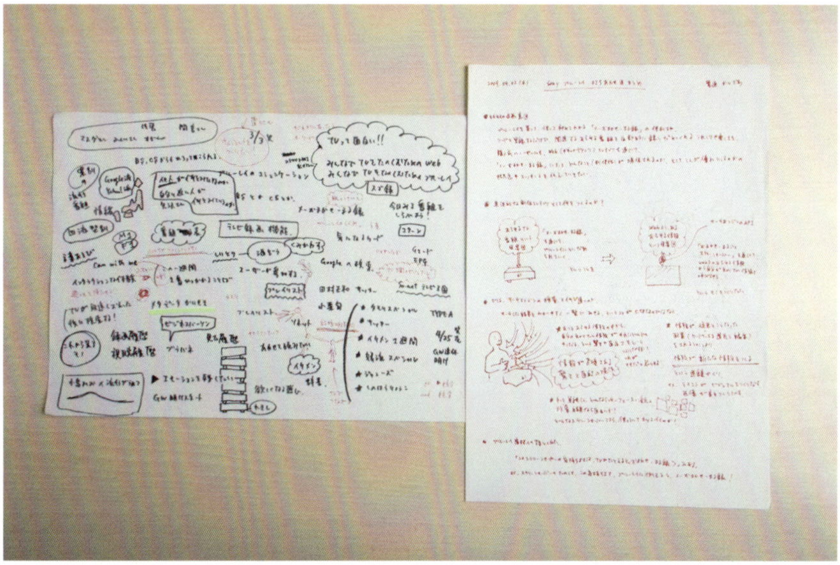

03

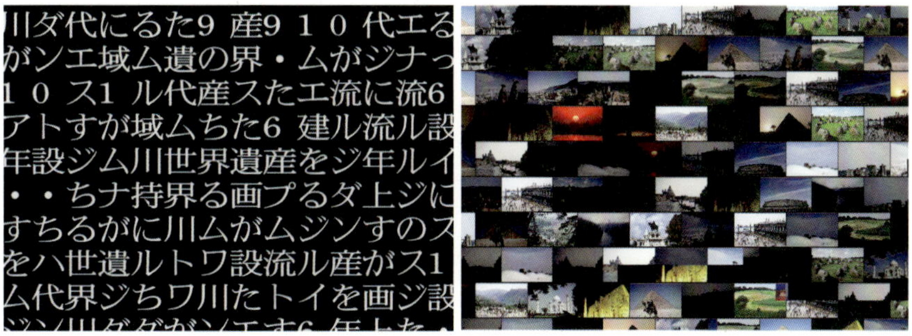

04

アイデアは人との出会いから生まれる

ovaqe
松倉早星

Webプランナーとして活躍しながら、クリエイター向けのポータルサイト「HITSPAPER」や京都のホテル「HOTEL ANTEROOM KYOTO」のプロデュースなど、個人的活動も次々と手がける松倉早星さん。そのアイデアの起点にあるのは、常に人との出会いだという。

01

日常生活は情報の宝庫

Webプランナーとして活躍しているが、「僕の仕事はPCの前にいることではありません。街に出て人と会うことです。ペンとノートがあればどこでも仕事ができます」と松倉さんは言う。

プロダクションのプランナーの仕事は、商品と消費者をつなぐコミュニケーションを、より消費者寄りの立場で考えること。だから、現在の消費者の気持ちをつかむことが最も大事だ。「ファミレスや喫茶店が大好き。周りの話に耳を傾けると、高校生の悩み相談や、後輩の言葉遣いが気に食わないといったサラリーマンの愚痴が聞こえる。世代ごとの価値観の違いを知るためには街に出ることです」と松倉さん。

街中で突然見知らぬ人に話しかけることもある。あるとき、電車の中でiPadを使っていた60代ぐらいの男性に興味を持ち、話しかけた。電器販売店の会長だというその男性と仲良くなり、最近の電化製品のトレンドを教えてもらうようになった。人との出会いの中には常に発見がある。

「クライアントの商品ターゲットは、10代から年配の方々まで幅広い。しかし、僕に50代女性がスキンケアに何を求めるかなんて考えてもわかりません（笑）。だから徹底的に人に会い、価値観を知るよう心がけています」。

この発想法の原点には、立命館大学時代に受けた映画監督 是枝裕和さんの授業がある。映画を見て、なぜそのシーンが面白いのか、なぜ感情が動くのかを論じ合う。授業を通して面白さを解体して考察する癖がついた。

その視点で見ると、コンビニの商品陳列、書店に平積みされている本、人気のゲーム、全てが発想のヒントになる。昨日まで置いてあった栄養ドリンクが今日はない、それは場所がダメだったのか、シーズンが変わったのか。「なぜ」を解析していくと、本質にたどりつく。

松倉さんのアイデア発想法

日常生活はヒントに満ちている

常に分析的視点を忘れない

視点を増やせば発想の幅が広がる

まつくら・すばる
1983年北海道生まれ。立命館大学卒業後、東京のWeb制作会社にて2年間Webプランナーとして勤めたのち、京都の1-10designにて3年半勤務。フリー活動で「HITSPAPER」などでライターやインタビュアーとしても活躍。2011年に独立。ovaqe inc.代表。

01 黄色いコピー用紙に何百案と書きためたアイデア。色は、他の資料に紛れさせないための工夫。ボツ案もこうしてストックして再度日の目を浴びるのを待つ。
02,03 JR博多シティ 公式プレサイト「博多を掘りつくせ！ DIG! HAKATA CITY」のアイデアメモと、完成後のサイト。当初は駅構内での展開を考えていた。
04 個人的活動として、クリエイティブポータルサイト「HITSPAPER」にインタビュアー／ライターとして携わる。こうした場で出会う人との会話も大きなヒントに。
05 2011年春に京都にオープンしたカルチャーホテル「HOTEL ANTEROOM KYOTO（ホテル アンテルーム 京都）」。企画から携わった。

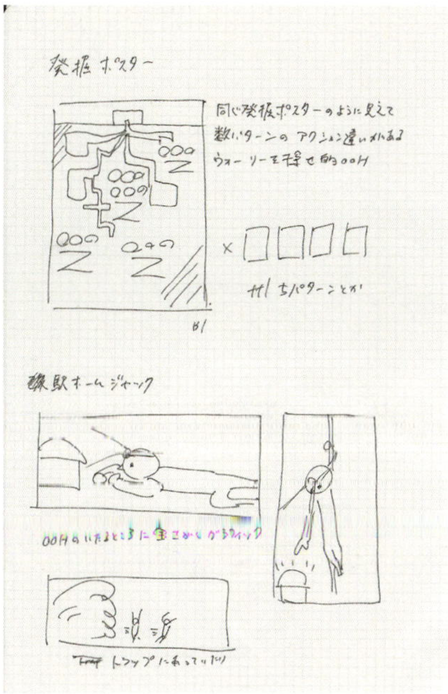

02

03

アイデアは完成させすぎない

アイデアを考える時に心がけているのは、「余白だらけ」の企画にしておくことだ。企画書は手書きで1枚、ということもしばしば。「PEPSI NEX DANCE（ペプシネックスダンス）」を提案した時の資料は、「自分で描いたキャラクターが踊りだす。しかも、世界中のみんなと。」と書いた手書きの紙1枚だけ。しかし、その一言が関わるメンバーたちの想像を膨らませ、次々とアイデアが生まれた。「自分の投げかけからどんどんアイデアが出てくる状況を作ることがプランナーの役割」と松倉さんは語る。

JR博多シティのオープニングキャンペーン「博多を掘りつくせ！ DIG！ HAKATA CITY」を提案した際の資料も「博多駅には何もない？『DIG！ HAKATA CITY』」と書かれた2枚の紙だけだ。しかしその裏には、博多に1週間泊り込み、ホームレスの男性やキャバクラ嬢なども含め100人以上に「博多駅ってどうですか？」と聞いて回った日々があった。「DIG！ HAKATA CITY」は、その結果浮き彫りになった「（博多駅は）何もない」という意見を基に提案。プロジェクトメンバーに「（博多駅の魅力を掘り起こす）穴掘りゲームを作ろうと思うんだけど」と話したところ、「それならこんなゲームはどうか」など、自分にはないアイデアがどんどん出てきた。

人に話すことで、自分では到底思いつかないアイデアが次々と出てくる。その瞬間が楽しくて仕方がない。自分自身もいい案をすぐ出せるよう、何百というアイデアをストックしておく。頭の中で平面、立体、映像、コミュニケーションなど感覚的にカテゴライズし、見た表現をストックしておく。あるいは、黄色いコピー用紙にアイデアや挿絵を書いておき、箱に入れておく。「ときどき見直すことで別のプレゼンで役立ち、仕事になったこともある」という。

ゼロから生まれるアイデアなんてない

「アイデアを考えることは難しいと思われがちですが、それはゼロベースで考えているから。天才的なひらめきなんて普通の人間にはほぼ無理です。でも、ひとりでできることは限られていても、誰かと一緒に考えて組み合わせればものすごいものができる」と松倉さんは語る。

新しいシナジーを生み出すために、毎回違うメンバーで仕事をする。そのたびに新たな発見があり、面白い。シナジーを生み出すコツは、自分が「わからない」ことを受け入れることだという。「『わからない』と言えれば、世界は広がります。どんなすごい情報も教えてもらえる。教えてもらったら、その代わりに『その技術を使ってこんなことができるんじゃないですか？』とアイデアでお返しするんです」。

考えることがとにかく好きだ、と話す松倉さん。プランニングは何も特別な仕事ではない。もっと世の中に「考える人」が増えて、面白いことを共有できる仲間が増えたらいい、と話した。

04

05

CHAPTER 03

デザインファームが実践するクリエイティブシンキング

デザインを通じてイノベーションを起こし、
クライアントや社会の課題解決をはかっていく。
独自のリサーチ手法や思考フレームを持つ
デザインファームの発想法に学ぶ。

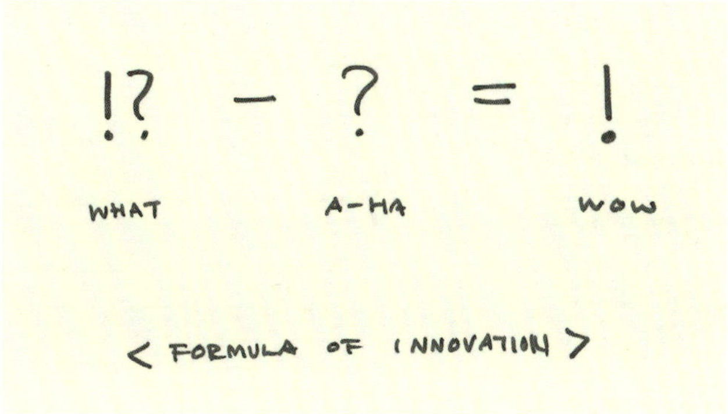

01

02

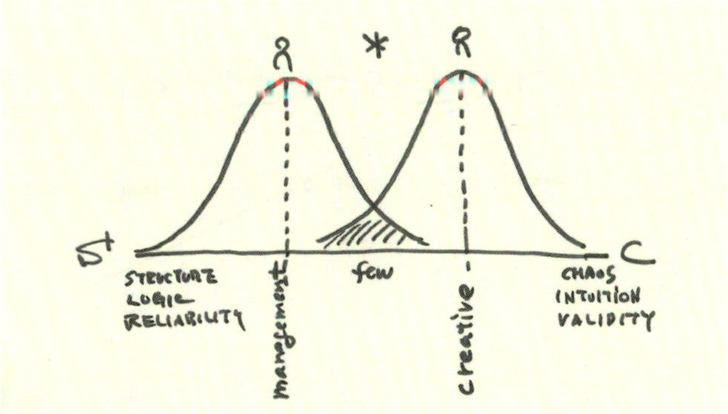

03

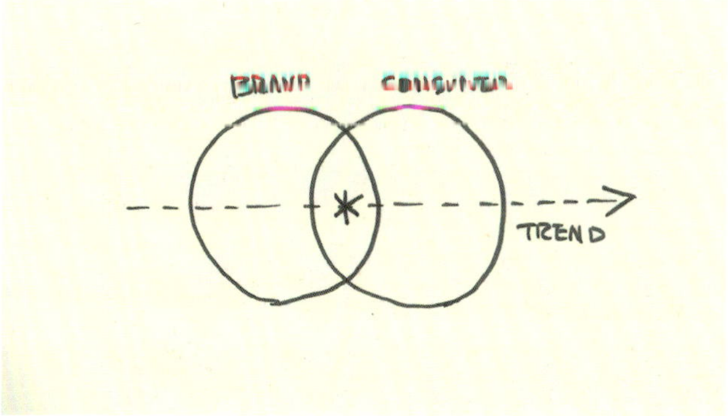

04

01 イノベーションの公式。「何これ（!?）」から「なぜ（？）」をのぞくと「驚き（！）」に。
02「Create before being creative.」クリエイティブになる前に創造しよう。
03 組織が陥りがちな、数字が好きな経営層と面白さに偏るクリエイティブの二極化を図示。
04 ブランドと顧客価値の交点がチャンス。ただし、トレンドの影響で流れていく。

アイデアの源は思考に潜むバイアス

濱口秀司

濱口秀司さんは、USBメモリのコンセプトづくりほか、世界で120を超える「シフト」を起こしたビジネスデザイナーだ。米イノベーションファームZibaでは、エグゼクティブ・フェローも務める。濱口さんの独自の発想は、人々の先入観への着目から始まる。

松下電工から、ビジネスデザイナーへ

濱口秀司さんは現在、米国のデザイン・イノベーションファーム「Ziba」でエグゼクティブ・フェローを務める。全社方針へアドバイスしつつ、現場のデザインプロジェクトもディレクションする立場だ。さらに今年、自らの会社「monogoto」で、ビジネスデザイナーとしての活動を本格始動させた。ビジネスの根源となるコンセプトと戦略づくりをする仕事に意欲を燃やす。

Zibaには、GE、ホンダ、ナイキ、P&Gをはじめとしたクライアントがある。手がけるのはケチャップのボトル、スポーツウエア、対話形式で銀行サービスを案内するアプリ、負傷兵のための止血帯など、形あるデザインから、ブランド戦略やイノベーション開発までさまざまだ。

Zibaへの参画は1998年。それまでは、松下電工（現パナソニック）で戦略投資案件の意思決定分析を担当していた。「USBフラッシュメモリ」を発案したのは99年のこと。コンセプトづくりや市場普及設計をした。以来、濱口さんによる新たな「シフト」は120件を超える。

「USBメモリ」を生んだ3つのバイアス

濱口さんのアイデア発想は、人々の思考パターンに着目することから始まる。「特に専門家やユーザーがとらわれる確率の高いバイアス（先入観）を見きわめ、壊すことがアイデアの根源となります」と言う。

99年、USBメモリを着想したときに壊したバイアスは3つあった。「1つめはカスタマー視点のバイアス。インターネットが注目され、大きなデータを保存する『器』は形を失い、ネットがその役を担うと予見されていました。クライアントもZibaのスタッフも、皆このバイアスにとらわれていた。だから僕は、形ある『器』でデータをやり取りする、“触れるエクスペリエンス”に目を向けたんです」。

2つめは技術的バイアス。当時、フラッシュメモリの専門家は、USBメモリを差した瞬間に起動するドライバインストール画面をなくすのは無理だと主張していた。それでは新しいPCにUSBメモリを差し込む度、ユーザー体験を著しく損ねることになる。「実際は98年に発表されたUSBマスストレージクラスという、補助記憶装置をPCに認識させる仕様を用いれば、ド

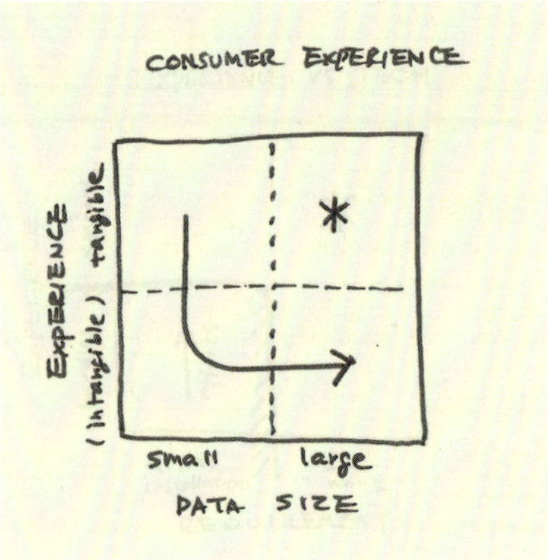

ダイアグラムがバイアスを見つけ出す。1999年のプロジェクト実施当時、皆、扱うデータサイズが大きくなれば、保存ツールは無形化すると予想。これがバイアス。濱口さんは、そのバイアスを破壊する「＊」のポイントを突いた。

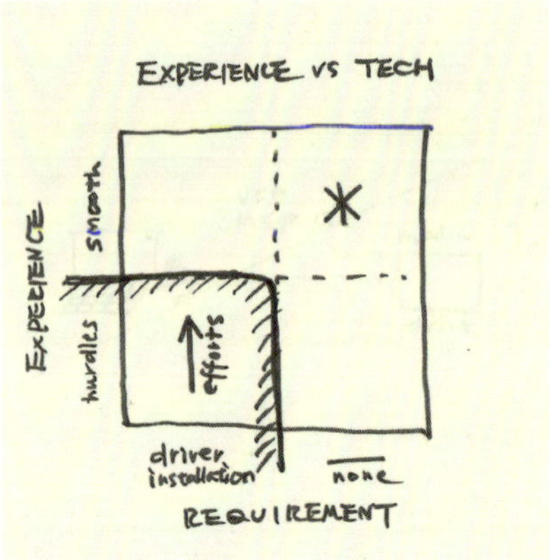

体験と技術のバイアスモデル。当時あったUSBメモリの類似商品は利用時にドライバーを要求する仕様で、ユーザーエクスペリエンスを損ねていた。

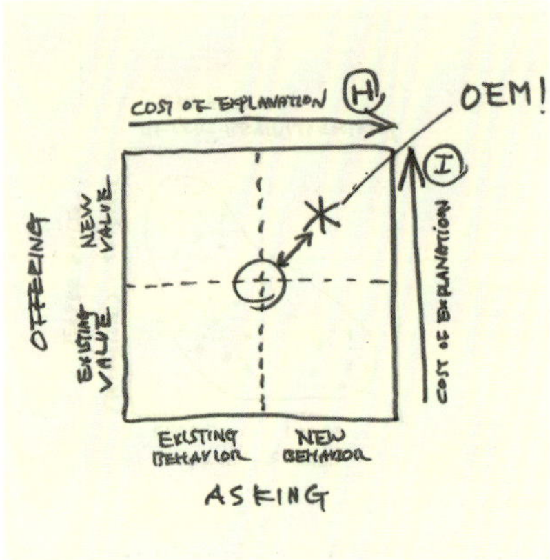

提供するプロダクトが新しい価値・新しい体験をもたらすものであるほど、消費者に対する説明コストが高まることを示したダイアグラム。そこで濱口さんはUSBメモリをPCメーカーに販売してもらう、OEM戦略を提案した。

ライバなしで使えることがわかりました。端から無理だと決めつけてしまうと、別解を思いつくのは難しいということです」。

3つめは、ビジネス面でのバイアス。画期的な製品である以上、クライアントが自社ブランドで売ろうと考えるのも不思議はない。しかし濱口さんは、DellやIBMといったパソコンメーカーに売ってもらうことを提案する。ユーザーに新しい価値と行為を説明することはコストを高め、市場普及のボトルネックになると考えたからだ。結果、パソコンの背面にあったUSBポートが手元近くに配置され、主流だったフロッピーディスクドライブが消えるのに時間はかからなかった。初めは全員が反対したUSBメモリのコンセプトだったが、いまではコンビニでも売っているくらいだ。

このことからわかるポイントは3つある。①既に存在していた、チームやクライント、専門家が必死になって考えたアイデアや方法を土台にしたこと。②着目するのはアイデアではなく、そのアイデアを考えた過程を解析し、隠れたバイアスを見つけ、それを壊したこと。ゼロから考えず、バイアスを踏み台に高くジャンプしたのだ。そして、③賛同されずとも根気強く説得やプレゼンテーションしたこと。「バイアスを壊すと反論を招いたり、不安をかきたてます。イノベーションとはそういうものです。でも、いったん理解すると皆、夢中になる。あきらめてはいけません」。

思考ツールとしてのダイアグラム

バイアスを見つけ、アイデアをハンドリングするために、濱口さんはものごとの構造を示す略図「ダイアグラム」を用いる。ここで言うハンドリングとは、アイデアの構造を明確にし、反転させたり拡張したり、本質を追求したりすることだ。

ダイアグラムに着目したのは、松下電工で、戦略投資案件の分析を担当していたときのことだった。重要な戦略投資案件の不確実性・リスクや戦略を分析し、役員の意思決定の支援をする仕事。自分でユニークな戦略を作り出すチャンスも手に入れた。ただ、「その戦略がイノベーティブであればあるほど、分析は難しく、意思決定しづらい」という課題に突き当たった。

イノベーティブなアイデアは、既存のパラダイムに収まらないため、分析できる要素が減り、不確実性が高まる。つまり数字や数式で読めなくなる。「逆に言えば、数字や数式でないもので考えや問題をハンドリングすれば、イノベーティブな戦略を扱えるようになる、そう考えたんです」。

新しい思考メディアを検討した結果、「シンプルで」「ビジュアルで」「ロジカルな」ツールとして、ダイアグラムに行き着いた。アイデアの構造をビジュアル化すれば、バイアスが隠すスイートスポットを見つけられる。他人にも説明しやすい。以来ノートとペンがアイデアづくりの道具。何かを考えるときは、その構造をなるべくシンプルな図に置き換え、ペンを走らせる。

思考が阻まれるのは、「バイアスを外し難い」「バイアスを理解できない」「バイアスを認識できない」とき。それぞれ「知り過ぎている」「実感がない」「興味がない」という原因がある。凡庸なアイデアしか沸かないのなら、上記のどれかに当てはまるかもしれない。そのため、バイアスを受けないよう、思考の初期段階では極力情報に触れないようにするという。クライアントから膨大な情報を受け取っても、昔はシュレッダー、今はデリートキーを一押しだ。

チームの思考モードを切り替える

クリエイティビティが最も高まるときは？ この疑問に濱口さんは、こう答える。「僕の理論と経験上、それは思考モードが『構造（ストラクチャー）と直感（カオス）の間』にハマったとき。僕は『構造的混沌

(Structured Chaos)』と呼んでいます」。

例えばマーケットデータから論理的にアイデアを導くときは「ストラクチャー」モード。白い紙にイメージが飛躍するまま絵を描くときは「カオス」モードと言える。「Structured Chaos」を維持する方法のひとつは、この2つの間を、時間を決めて行き来することだ。「僕がZibaでデザイナーチームをマネージするとき、彼らの思考モードを意識的に切り替えて、イノベーティブなアイデアが出る確率を高めています」と濱口さんは言う。「写真を見てインスピレーションを得たなら、次はロジックでコンセプトを導くよう彼らに指示してもいいし、写真群を分析、カテゴライズして切り口を探すよう指示してもいい」。

「Structured Chaos」はボールを山の頂上に置くようなもの。すぐ理性側にすべり落ちたり、感性側に落ちたりする。だからこそ、行き来を繰り返し、「Structured Chaos」の瞬間をつかまえるのだ。

もうひとつは思考メディア。先に述べたダイヤグラムを用い、数字を排除することで、脳を「Structured Chaos」モードのまま維持できる。

「思考の旅」にプレジャーを

濱口さんは中学生の頃、ノーベル物理学賞を受賞したクラウス・フォン・クリッツィング博士に議論をふっかけたことがある。父親が個体物性の学者だった関係で、子どもの頃からノーベル賞受賞者はじめ、最先端の学者が自宅を訪ねたり、食事をしたりするという環境に恵まれた。クリッツィング博士もその一人だった。

濱口さんは、博士にこんな質問をした。「どうやってフォン・クリッツィング定数(電磁気学の物理定数の一つ)を思いついたの？」。すると博士はこう答えた。「寝食を忘れるほど、ひたすら考え続けていたら、ある朝、突然その数字がばーっと頭に浮かび、『これだ！』とわかったんだ」。

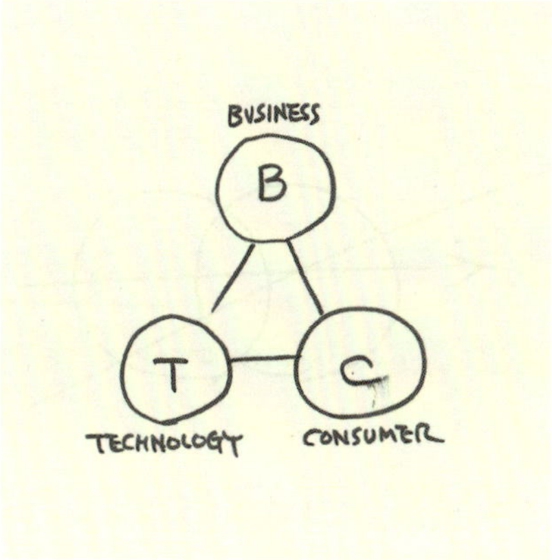

「ビジネス―テクノロジー―カスタマー」モデル。この3点にまとわりつくバイアスを破壊し、3つをつなぐよう発想する。

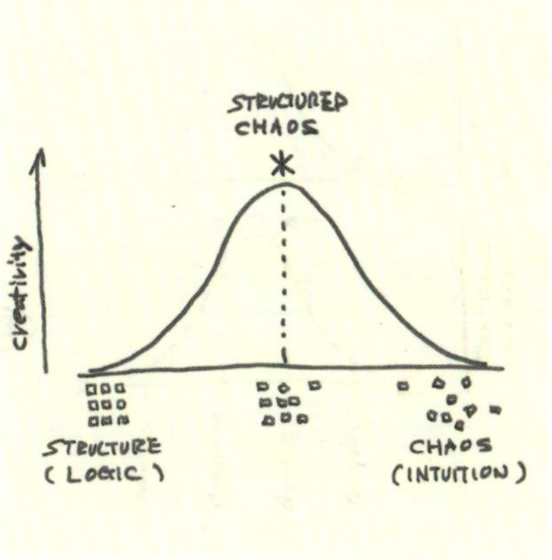

「構造的混沌(Structured Chaos)」モードを示したダイアグラム。構造的(ロジカル)、カオス的(直観)の中間の状態が、最も クリエイティビティの高まる瞬間。人の思考はすぐ頂上からすべり落ち、どちらかに偏ってしまう。

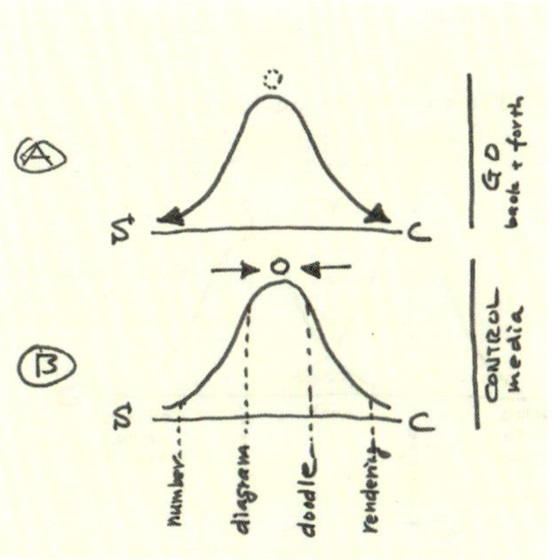

「構造的混沌(Structured Chaos)」モードを保つ2つのアプローチを示したダイアグラム。1つは、ロジックと直観の往復。もうひとつは、思考メディアにダイアグラムや落書きを用いること。数字に頼るとロジカルになりすぎ、イマジネーションを羽ばたかせるのは直感的になりすぎる。

はまぐち・ひでし
京都大学卒業後、松下電工に入社。研究開発に従事した後、松下グループ初の戦略投資案件の意思決定分析担当となる。1994年、日本で初めてのイントラネットを高須賀宣（サイボウズ創業者）とともに考案・構築。98年、米国のデザイン・イノベーションファームZibaに参画。世界初のUSBフラッシュメモリをはじめとする数々のコンセプトづくりをリードし、IDEA金賞など数々のデザイン賞を受賞。その後、松下電工新事業企画部長、パナソニック電工米国研究所上席副社長、米国ソフトウエアベンチャーのCOOを歴任。2009年Zibaにリジョイン。戦略ディレクターを務めた後、13年からエグゼクティブ・フェロー。14年、自身の実験会社「monogoto」を本格起動させ、ビジネスデザイン分野にフォーカスする。ドイツRedDotデザイン賞審査委員。

「ノーベル賞級の発見であっても、ひたすら考え続けていれば偶発的に生まれてしまうのか、と、力が抜けました。でも同時に、やみくもに考えるのは悲しいとも思った。だから『偶発的なすごいひらめきを何らかの方法でコントロールできないでしょうか？』と続けて質問したんです」。

すると博士は「Why?」を連発。「なぜ、そこに興味を持つの？ なぜ発想の品質が過程に影響されると思うの？ なぜ偶発性をコントロールでできると考えるの？」…。濱口さんが苦し紛れに発した言葉は、「自分の発見は偶然だと思うの？」。博士がウーンと唸り始めると濱口さんは言った。「誰も『思考過程』そのものを意識していない。誰もいじらないから面白い。それに偶然だけに支配されるなら思考の旅はつまらないよ」。そこで議論は終わった。

思考の旅。決まったプログラムに従うだけではつまらないが、アクシデントに見舞われ続けるのもひどく疲れる。自発的なアクションの果てに待つ偶然の出会い、マネージされたセレンディピティ。それこそが思考の旅の醍醐味だと濱口さんは考える。手段としてだけでなく、「思考の過程」そのものを楽しむこと。そうした態度が、イノベーションへの道をひらくのだ。

takramが実践するアイデア発想の“守破離”

takram design engineering
渡邉康太郎

独自のアイデア発想手法やワークショップ手法で知られるtakram。製品開発や企画立案、ブランドアイデンティティ構築やPR戦略立案まで、その仕事の幅は多岐にわたるが、根底に流れる思考法は仕事の種類を問わず共通している。さまざまなメソッドを開発し、実践する、ディレクターの渡邉康太郎さんに聞く。

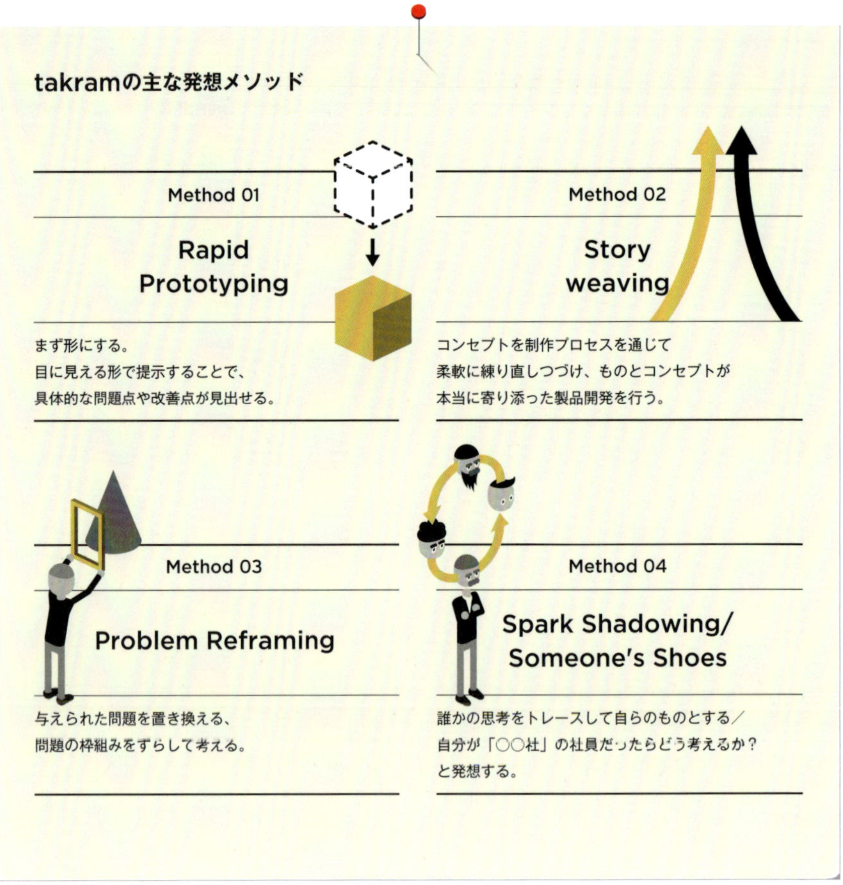
takramの主な発想メソッド
Method 01
Rapid Prototyping
まず形にする。
目に見える形で提示することで、
具体的な問題点や改善点が見出せる。
Method 02
Story weaving
コンセプトを制作プロセスを通じて
柔軟に練り直しつづけ、ものとコンセプトが
本当に寄り添った製品開発を行う。
Method 03
Problem Reframing
与えられた問題を置き換える、
問題の枠組みをずらして考える。
Method 04
Spark Shadowing/
Someone's Shoes
誰かの思考をトレースして自らのものとする／
自分が「○○社」の社員だったらどう考えるか？
と発想する。

わたなべ・こうたろう
アテネ、香港、東京で育つ。慶應義塾大学環境情報学部在籍中の起業、ブリュッセルへの国費留学等を経て、2007年よりtakram参加。最新デジタル機器のUI設計から、国内外の美術館でのインタラクティブ・インスタレーション展示、企業のブランディングやクリエイティブディレクションまで幅広く手がける。代表作に、東芝・ミラノサローネ展示「OVERTURE」、NTTドコモ「iコンシェル」のUIデザイン、虎屋と製作した未来の和菓子「ひとひ」など。香港デザインセンターIDK客員講師。ドイツRedDotデザイン賞等受賞多数。著書に『ストーリー・ウィーヴィング』（ダイヤモンド社）。趣味は茶道。

takramの仕事に共通するアイデア発想法

「クリエイティブ・イノベーション・ファーム」を掲げるtakram design engineering（以下takram）が手がける仕事は幅広い。プロダクトデザインやUI開発、ブランドアイデンティティ構築やPR戦略立案、アートインスタレーションまで、さまざまな形で企業の課題に答える解決法を生みだしている。

takramは「デザインエンジニア」たちからなる集団だ。「デザインエンジニア」とは、創造的なデザインと専門的なエンジニアリングの双方に精通するプロフェッショナルのこと。1人の人間が2つの分野についての深い理解を持つことで、新しい技術から魅力的な新しい体験をデザインすることが可能になり、また、デザインの観点から日々の生活を観察することによって、新しい技術の可能性を見だしていく。2つの分野をオーバーラップさせて互いに高め合い、新しいものや体験を生み出すことがtakramの真骨頂だ。

こうした思想を核に持つため、アウトプットの形は多彩でも、その開発プロセスは実は共通しており、いくつかの基本的なメソッドは特に多用されている。例えば「Rapid Prototyping」は、ものづくりの会社としてのDNA。どんなプロダクトもまず形にし、目に見える形で提示する。そこから具体的な問題点や改善点が見えるようになり、チームメンバーが意見を出しやすくなる。それらの意見を取り入れて再び形にし、それを繰りかえす——という過程を経ることで、より洗練された、効果的なかたちに速くたどりつくことができる。

「Storyweaving（ストーリー・ウィーヴィング）」は、takramが手がけてきたプロジェクトを元に体系化した「ものづくりとものがたりの両立」という独自の理論だ。製品を作るとき、一般的には最初にコンセプトを決めるが、それがかえって足枷となり、開発プロセスでの臨機応変な変更の機会が失われてしまう場合がある。プロジェクト

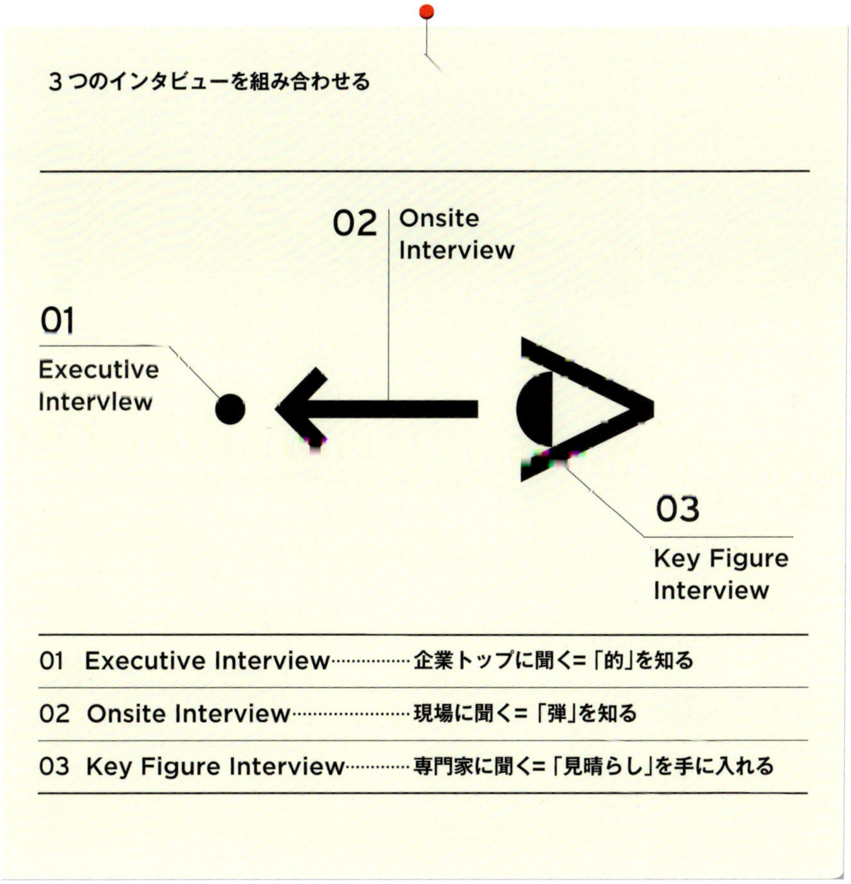
3つのインタビューを組み合わせる
02 Onsite Interview
01 Executive Interview
03 Key Figure Interview
01 Executive Interview……企業トップに聞く=「的」を知る
02 Onsite Interview……現場に聞く=「弾」を知る
03 Key Figure Interview……専門家に聞く=「見晴らし」を手に入れる

の初期に設定したコンセプトをその後も柔軟に練り直しつづけ、よりよいものに洗練させていくことはできないかという問題意識から生まれた手法だ。「ものがたり」と「ものづくり」を縦糸と横糸で布を編み上げるように同時進行させることから「weaving＝編む」と名づけた。より強固で、ものにきちんと寄り添ったコンセプトが生まれるという。

「Problem Reframing（プロブレム・リフレーミング）」は、問題をリフレーミングする＝置き換える、問題の枠組みをずらして考える方法。クライアントから与えられた問題をそのまま考えていては、本当の課題解決にたどりつかないことは数多い。クライアントの課題解決に取り組む際には欠かせない考え方だ。

発想法は形式知化して育てていく

こうしたメソッドは、いずれも実務の中で必要に迫られて生まれたものだ。「開発途中にさまざまなアプローチを試す中で、うまく行ったときに『これはひとつの作法になりえるな』と感じることがあります。そうしたら、すぐ名前をつけて形式知化してしまうんです」とtakram ディレクターの渡邉康太郎さんは言う。ひとつの作法として確立することで、他のケースにも応用していく。

例えば、渡邉さんが名づけた「Spark Shadowing」は、隣の人の“アイデアの発火（Spark）”をトレースし、再現可能な状態にする（Shadowing）方法。会議やブレストの場で隣の席の人が画期的なアイデアを発言したとき、何の材料（刺激）からどのような手順でそれを思考したのかを自分なりに予想してみる。自分が発想するとしたら、同じプロセスを踏むことができるか？ 同じ結論に至るか？ それ自体が思考のトレーニングになるだけでなく、その結果全く違うアウトプットが生まれたとしたら、同時に2つの思考法を手に入れたことになる。“一石二鳥”な手法だ。

ところで、ここまで読み進めて感じた方もいるかもしれないが、takramのアイデアメソッドのネーミングはどれもキャッチーだ。「本質を一言で表す名前、人がそれを使いたくなるような名前をつけています」と渡邉さん。一度しっかり定義するからこそ、それから脱却する必要が生じたとき、壊して次のステップに進む“守破離”が起こせるようになる。たくさんの人に使ってもらうことで、作法はさらに進化する。

なお、「Spark Shadowing」にはチーム版の「Someone’s Shoes（英語のことわざで他人の立場に立って考えるの意）」もあり、例えば「自分がもしGoogleの社員だったらどう考える？」など自分が他の人になったとシミュレーションして考えるというもの。自分の思考のバイアスを外して自由に発想するための手法だが、2つ合わせて「SS」シリーズとした。言葉遊びのようだが、それが案外、人をモチベートしたりするものだ。

問いを答えは超えられない だから問いを更新する

「最初に与えられた問いの精度が、答えの精度の限界値を決める」。アイデア発想における最初の一歩、かつ最も重要なフェーズが「問い」の立て方である。問題の本質に行きつくために、「問い」は常に更新されつづけなければならない。そのために、takramでは3つの視点からインタビューを行っている。1つは「エグゼクティブインタビュー」。大きな問題の全体像を知るために、クライアントの経営層に話を聞く。2つめは「オンサイトインタビュー」。現場のスタッフ（マーケター、エンジニア、デザイナーなど）に、その問題に対するこれまでの過去の試みを聞く。社内に蓄積された知識を把握することで、既になされたアプローチを試す手間を省くことができる。

3つめは「キーフィギュアインタビュー」。

01

業界の有識者（学者、ジャーナリスト、エクストリームユーザーなど）に、客観的な視点から関連領域について最新事例や見解を聞くというものだ。「問題の全体像をつかむのは『的』を知ること、これまでの取り組みを知るのは撃つべき『弾』を知ること、そして客観的な視点を得ることは『見晴らし』を手に入れること。この3つを手に入れることで、的をよく狙って真ん中に弾を打ちこめるようになります」。

takramにとって理想の仕事は、「半分の既知と半分の未知」がある仕事だ。やったことがない部分もある、けれど自分たちのこれまでの知見が生かせる。クライアントとは「半分の共通言語と半分の未知」があるのがいいと考える。半分ずつカバーし合うことで、互いの成長の余地が極限に広がる。「お互い学び合いながらプロセスを共有することで、学び合い、高め合っていける。業界や職種など、特定の領域の中だけで仕事をする時代ではありません。「Nike + FUELBAND」のように、デザインもエンジニアリングもサービスも一体にならないと一つの体験をつくれない。使い手と作り手の区別、受信者と発信者の区別もどんどんなくなる中で、組織の都合や事情を感じさせない本質的なものづくりを、スピード感を持ってしていかなければ、競争に勝ち残れないと感じます」。

日本人にはツールコレクターが多い
発想法を使いこなすには

ここまでさまざまな手法を紹介してきたが、このどれもが完成品ではない。むしろ新しい仕事を経験するたびに形は変わっていくという。全く同じプロジェクトは2度とない。だから、当然「前と同じ方法でやってみよう」と始めても、終わったときには別の形になっている。

日本のビジネスパーソンには「ツールコレクター」が多いと感じるという。「ツールコレクター」とは、ツールやフレームワークを覚えることに一生懸命になり、それだけで満足してしまったり、それが完成された万能なものだと思ってしまう人のことだ。「発想法は使いながら作り変えていかなければ意味がない。takramの発想法は専売特許ではありません。むしろ、オープンにすることで、多くの人に使ってもらって、それぞれの場所で価値を引き出してもらえたらいい」。それがひいては、東京のクリエイティビティを皆で上げることにつながっていく。そんな未来図を渡邉さんは描いている。

01 ドン・ペリニヨン ディナーイベント「Creative Collision」
2013年秋、表参道ヒルズで行われたドン・ペリニヨン主催のディナーイベント。50人限定の招待制で開催。空間、照明、インビテーションカードを使ったインタラクティブコンテンツなどを企画。ドン・ペリニヨンの持つブランド哲学「Creative Collision（創造的衝突）」にならい、この一夜に生まれる人と人との「出会い」をさまざまな形で演出した。

CHAPTER 04

海外エージェンシー
アイデアの
生まれる現場

海外のアイデア発想の現場ってどんな雰囲気？
そこでは、どんな会話が交わされ、
どんなアイデアが評価されるの？
グローバルエージェンシー TBWA が行う
世界的アイデア会議の現場からレポートする。

全世界ブレスト大会 TBWA「SWAT」参戦レポート

文・荒井信洋
イラスト・木村 洋
TBWA \ HAKUHODO

「SWAT」とは、グローバル広告会社TBWAの各国支社からコピーライターとアートディレクターが集まり、2人1組でクライアントからオリエンテーションを受け、アイデア出しからプレゼンテーションまでを行う実戦の場。「パリで行われる『SWAT』に参加してほしい」──上司から要請を受け、「SWAT」に挑んだTBWA \ HAKUHODO コピーライターの荒井信洋さんと、アートディレクターの木村洋さんに「世界のアイデア発想の場」で見てきたことをレポートしてもらう。

01

あらい・のぶひろ
TBWA \ HAKUHODO コピーライター。2009年博報堂に入社し、コピーライターとして配属。2012年からTBWA \ HAKUHODOへ。デジタル畑に身を置く自称ソーシャル・コピーライター。主な仕事に日産自動車「JUKE」、ドミノ・ピザ「Domino's App feat.初音ミク」、集英社「ソーシャル・キングダム」「ジョジョ展」、Google「8bit map」「Googleでもっと」、Samsung「Space Balloon Project」など。

きむら・よう
TBWA \ HAKUHODO アートディレクター。1980年香川県生まれ。ロンドンに留学、Mark Thomsonに師事。帰国後、デザイン事務所カタチを経て、2011年TBWA \ HAKUHODO入社。現在に至る。国内外の賞を少々受賞。今後は海外賞を次々と受賞し、世界を相手に活躍する(予定)。

SWAT開戦

SWATとはTBWAのグローバルネットワークを活用して、世界中のオフィスからスタッフを招集して、グローバル企業のプレに参加するTBWA独自のシステムだ。特殊部隊「Special Weapons And Tactics」の名を借りたこのシステムは、まさに国籍問わず、アイデアを武器にしてクライアントの課題に挑む作戦。決して、海外研修ではなく、実戦の場。各国アートディレクターとコピーライター2人1組という最小ユニットで参加する。コピーライターの僕が言葉で、アートディレクターの木村がデザインで、1つの課題解決のアイデアをぶつけ合い、磨き合う。そんな5日間の戦いがはじまる。

アイデアに純粋であれ

初日のオリエンから衝撃だった。なんと、クライアントの非常にお偉方が同席しているのだ。日本でイメージしてほしい。大事な自社のブランドキャンペーンを、日本語もカタコトな、初対面の外国人（しかもヒゲ面）に任せるだろうか？

しかし、彼は、「心から皆さんのアイデアが楽しみだ」と言い、その言葉がウソだとは思えないほど、ワクワクした様子でブリーフを説明していた。そう、過去の実績や長年築いた関係性ではなく、純粋に「アイデア」を求めていたのだ。

関係や事情を抜きにして、常にアイデアにピュアでいることが、グローバルを舞台に、広告で人を動かす近道なのか。それは、クライアントでも、エージェンシーでも、クリエイティブや営業など職種が違ってもきっと同じ。育った文化も言語も違うメンバーが多様性から生まれるアイデアをぶつけ合い、磨き続ける。これがSWATの強みなんだ、と洗礼を受けた。

いい別れがいいアイデアと出会わせる

「お疲れさまでーす」。日本のミーティングは、必ずこの言葉で締められる。ヒドいときは、ため息混じりで締められる。でも、TBWAグローバル・クリエイティブ・プレジデントのロブ・シュワルツは違った。「Have Fun！」チームが会議室を去るときも、メールの文末もいつもそう。次のミーティングに向けて、新しいアイデアを生むことを楽しもうと声をかけるのだ。

SWAT中は意識しなかったし、その一

01 TBWAパリでのSWAT 5日間短期決戦を共にしたチーム。左端がアートディレクターの木村洋、右から3人目が著者の荒井。
02 パリのオフィス。最終的に"逆ホームシック"に。
03 テーブルにアイデアが乗った瞬間議論が加速する。左端が今回のSWATを主導したロブ・シュワルツ。
04 ランチもチームで一緒に。顔に出るのでワインは控えめに。

02

言は直接アイデアに関係しないことだけれど、今思うと、れっきとしたクリエイティブディレクションと言えるのではないか。広告はチーム戦。チーム全体のモチベーションを気持ちよく上げることで、きっと最終的にアイデアの質も量も高まっていく。

そして、この感覚は自己管理にもきっと生かせる。次はほめられたい！とか、採用されたい！とか、この競合に勝ちたい！とか何でもいい。これから企画することが少しでも楽しめるような気持ちでミーティングを去るように心がける。

逆に、企画がつらくなったら、思い切ってサボった方がいい。弊社事例のフリスクのコピーを借りれば「Hello Idea」の前に、「Ideas ！ See you later ！（アイデアたちよ、後で会おうね）」と気持ちのいい別れがあるイメージだろうか。

嘘つきはいいアイデアのはじまり

日本人は謙虚だ。だけど、他国は違う。初回ミーティングの直前に遭遇したNYチームから「企画どう？」と質問を受けたとき、「いや～自信ないわ」と条件反射的に答えてしまう自分がいた。だが、彼らは正反対で「完璧だ！」と言うのだ。学生時代、試験前によくあった「やべぇ勉強してない」と言いつつ、ちゃっかり準備して高得点を取るといった心理戦が全くない。

その時は「自意識過剰な奴ら」だと思ったが、後に彼らから「Fake it till make it」という言葉を教えてもらった。訳は、「できるまで、嘘をつけ。」どんな状態であろうと、チームから進捗を聞かれたら、とにかくベストな状態だと言い張る。言葉に発することで、逃げ場がなくなる。それは、自分を追い込む魔法の言葉。このSWATで心に刻んだ個人的名言だ。

いいアイデアには
ひな壇芸人が現れる

企画の良し悪しは、チームの反応でわかる。良い企画は説明をしている途中に、みんな何かをひらめいちゃって「あんなことは？こんなことは？」と口を出したがるのだ。正直、「うるさいよ。まだ俺が説明してる最中なのに…お前ら、ひな壇芸人か？」と思うほど。

でも、これがTBWAの「Our Idea」という文化。一度テーブルに乗ったアイデアは、その時点でみんなのもの。他メディアでの施策に発展させてもいいし、考え方だけ残して別のデザインを掘ってみてもいい。企画が良くなるならすべて自由なのだ。「アレ俺詐欺」（他人の考えた企画をさも自分が考えたように話すこと）なんて存在しない。だってはじめからみんなのものだから。

そして、そんなTBWAの中に身を置いてみて強く感じたことがある。それは、コア・アイデアを見つけることがプランナーの背負う使命だということだ。これはあくまで僕個人の感覚だが、コア・アイデアとはジャンプ台のようなもの。小手先だけの360°企画なんて必要なくて、重要なのは360°に広がる円の中心。どれだけ高く、いろんな方向に飛べるジャンプ台を考えられるかどうか。

今回のSWATでは、最終的に日本チームのアイデアはポスターに限らず、店頭、屋外、交通、パッケージ、CM、Web、インスタレーション…と「僕ら」でアイデアを縦横無尽に進化させた形でクライアントに提案することになった。今から思うと、母国語ではない英語による企画だったので、変に言葉で解決しようとしなかったのが功を奏したのかもしれない。「僕ら」の企画の1つは、コピーの入っていないものだっ

03

04

SWAT4コマ劇場

初日：エラい人がやってきた。

初日：ハッタリ野郎。

2日目：みんなのアイデア。

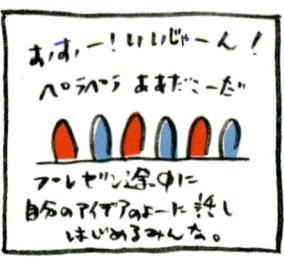

2日目：死ぬ気でふざけてみる。

（イラスト：木村 洋）

た（僕が仕事をさぼったというわけではない）。きっと世界中の子どもが見ても、1秒でわかってくれるだろう。

ちなみに、ここでいう「僕ら」とは、もちろん日本チームのOurではなく全チームのOur。そんなTBWA流を肌で感じられたことが大きな収穫だった。

不正解のアイデアにも意味がある

「みんな真面目で疲れる…」。SWAT中盤、僕と木村の間に初めてのグチがこぼれた。僕らだけではない。実はミーティングの空気も少し変わっていたのだ。さすがに1つのブリーフだけに向き合い、企画し続けているせいか、全体的に脳の疲労感がにじみ出ていた。雰囲気も、企画の中身も。

そこで、僕らはオリエン無視の企画を出そうと決意した。無謀とも言える「ダジャレ企画！」（もちろん英語の）。採用なんて考えてない。「Crazy Japanese！」と笑わせるためだけの1案だ。この“ずらし”、僕は日頃から意識してやることがある。博報堂に入社して、自分の周囲には、開成やら東大やら出身の生え抜きのエリートばかり。頭の良さじゃ勝てっこない、でも企画の偏差値を下げれば武器（違い）になると。

結果、アメリカ人からも、カナダ人からも、ベルギー人からも、フランス人からも笑いを取れた。企画はもちろん不採用だったが、悔い無し。翌日は空気も変わり、みんな企画が弾けていた気がするから。そしてなによりも、仲良くなれたから（そのダジャレポスターは、各国チームが記念撮影を行うほどの大人気でした…）。

ここまで紹介してきた方法論は、決して「いいアイデアを生む方法」ではないかもしれない。ただ、アイデアの良し悪しの感覚を肌に染みつかせていくことは、間違いなく自分の企画を磨くことにつながると思う。ヒットを打った後に、そのときのフォームを思い出せば、つかめるものがある。

さて、原稿を書き終えたので、企画に戻ります。チームの皆さん、明日僕が出す企画は「完璧」です。

CHAPTER 05

アイデアについて もっと話そう

あのヒット商品を生みだした仕掛人たちは、
どのように独自の着眼点を見出し、
ヒットまで導いたのだろうか？
異なるジャンルの３名が話し合うことで、
仕事が違っても共通する、
アイデアの本質が見えてくる。

FITCH

AOYAMA DESIGN CONFERENCE

青山デザイン会議

長く愛されるコンセプトのつくり方

山口裕子
Yuko Yamaguchi

高須光聖
Mitsuyoshi Takasu

稲船敬二
Keiji Inafune

広告には「そうだ 京都、いこう。」などの普遍的で長く使える、強いコンセプトが稀に存在する。“新しさ”を常に求める広告の世界で、多くのキャンペーンが数カ月から長くて1，2年の短命にある中、こうしたロングランのキャンペーンは異彩を放つ。長く使えるコンセプトは、長期間にわたってブランドをつくりあげることができ、さらに効率やコスト面でもメリットが大きい。そこで、今回の青山デザイン会議は長く愛されるコンセプトのつくりかたをテーマに開催する。古びることなく柔軟に時代の変化に対応でき、現場の担当者が変わっても軸がぶれることなく、長く人々に受け入れられるコンセプトとは何か。長続きするコンセプト誕生の背景には何があるのか。ハローキティの3代目デザイナーであるサンリオの山口裕子さん、『ダウンタウンのガキの使いやあらへんで!!』『めちゃ^{2}イケてるッ!』『ロンドンハーツ』などの誰もが知るテレビ番組の放送作家である高須光聖さん、「ロックマン」「バイオハザード2」「鬼武者」などの人気ゲームシリーズのプロデューサーとして活躍してきた稲船敬二さんの3人の話を通じて、制作者にとってもクライアントにとってもうれしい“ロングライフコンセプト”のつくり方を検証する。

宣伝会議にて

色あせない、古くならないものの共通点

高須　今日は、「長く愛されるコンセプトづくり」をしっかり学ぼうと思って、とても楽しみにして来ました（笑）。このテーマは、テレビ番組の企画を考える上で常に意識していることです。特にここ最近は、長寿シリーズやリバイバル企画などいわゆる老舗モノの人気が根強く、新しい番組が参入しにくくなっているんです。刷り込みや安心感もあるのでしょうが、もはや先祖返りを起こしているといってもいいほどで。内容としては、こねくりまわしたものよりも、シンプルで、わかりやすい企画が好まれる傾向にありますね。

山口　キャラクターデザインも、シンプルなほうが生き残るように思います。まずコンセプト自体が人間とかけはなれていないこと、共感を得やすいこと。それとあまり公表したくはないんですが、白いキャラクターは生き残るといわれています。そのことは私も実感していて、テレビ朝日の新しいマスコットキャラクター「ゴーエクスパンダ」（ゴーちゃん。）も、白を基本色にデザインしました。

稲船　おふたりがおっしゃるように、ゲームでも長寿シリーズのコンセプトはやはりシンプルです。好例はスーパーマリオシリーズでしょう。基本はジャンプして障害物をよけて進むだけなのに、いまでも新作が出れば話題になる。スーパーマリオのすごいところは、そのキャラクターデザインにもあります。ゲームキャラクターには、かたちや色以外に、音という要素があって、キャラクターの動きとセットで音が付く。キティちゃんの音はないけれど、マリオの音というのはイメージできると思うんです。いまでは当たり前になっているけれど、そういう、キャラクターの動きを音で認知させるということを最初にやったのが、スーパーマリオなんですよ。

高須　テレビでも、いまはしゃべり言葉やテロップにも効果音をかぶせますからね。ゲームの影響は大きいかもしれない。

山口　「ゴーちゃん。」にも登場するときの音をつけよう。いいことを聞きました（笑）。

稲船　山口さんはキャラクターデザインをするとき、どういうふうに設定を考えていくんですか？

山口　「ゴーちゃん。」の場合は、男の子のキャラクターがいいと言われたので、「正統派の、誰からも好かれる男の子」を考えるところからスタートしました。いままでキティをはじめ女の子のキャラクターが多かったので、男の子の好きそうなものを徹底的にリサーチして。例えば長い人気を誇る仮面ライダーシリーズを全巻視聴してその人気の秘密を考えたり、パンダをモチーフにすると決めてからはパンダについて徹底的に調べたりしましたね。世界に何匹パンダがいて、日本にはいつなんていう名前の子が来たのかとか。キティに関しても、シンプルなデザインだから、さらりとやっているように思われがちなんですけど、けっこう勉強して考えているんですよ、これでも（笑）。

高須　初期設定は重要ですよね。そういった下調べは、ご自分でされるんですか？

山口　ええ。たくさんのパンダの写真やイラストを見たり、動物園に行ったりですね。その時代で流行っているもの、ちょっと見聞きしたものに新しさを感じてくっつけがちなんですけど、そういうキャラクターは瞬間的にヒットしても、すぐに忘れられてしまいます。長く愛されるためには、歴史や現状の下調べをして、設定の段階である程度のディテールを詰めておくことが重要なのかなって思っています。

高須　いいものって、細部にまで目が行き届いていますからね。ディテールがシャープになるし、世界観が広がっていく。細部にどれだけ力を注げるかという点は、長く続くものの秘訣のひとつでしょうね。

「シンプルに見えるもの」の裏側

高須　僕は番組をつくる上で必ず心がけていることがひとつあります。それは、番組にすっと入りやすくする呼び水を用意すること。いい例が映画『スター・ウォーズ』の導入部「遠い昔、はるかかなたの銀河系で…」というテロップです。あれがもし「西暦3030年」とか言われたら、どこかで制作者側の意図を感じてしまって入りきれないと思うんですよ（笑）。でもそれが

やまぐち・ゆうこ
（キャラクターデザイナー）
高知県生まれ。大学卒業後、サンリオ入社。1980年から三代目ハローキティデザイナー。以後キティにさまざまな変化を与え、サンリオ史上最高のキャラクターへ育て上げる。ディアダニエル（ダニエルスター）、チャーミーキティを生み出し、人気キャラクターに育てる。現在は、国内外のサンリオショップで開催されるファンイベントへの参加のほか、キャラクターデザイン、国内外のアーティスト、デザイナーとのコラボレーション活動を展開する。サンリオ取締役。

「遠い昔」といわれることで、ファンタジーになって見ている側の意識がふっと広がって、「あるかもな」って暗示をかけられる。僕はその感覚が大好きですし、その呼び水があると、次の展開をつくりやすくなるんですよね。

稲船　「遠い昔」という大きな前提があるおかげで、小さなうそがなんでもありになる。物語を紡ぎやすくなり、続編の自由度もあがる。それがなくて細かいうその設定ばかりだと、つじつまを合わせるためにどんどんうそを重ねて、首を絞めることになりかねない。これは、キャラクターやゲームの設定にも通じるところがありますね。

山口　私が3代目のキティデザイナーを担当することになったのは、絵がうまいわけではなく、ストーリーを語れたからだと思います。最初に引き継いだときのキティのデザインは、何だかアイコンっぽくて、設定が生きていないと感じました。ピアニストになりたいという設定なのに、ピアノを弾いている絵すらなくて。キティはどんな女の子なのか、どんなものが好きで、どんなものに興味があって、どんな毎日を過ごしているのか。そういうところから考えてどんどん工夫をしていきました。

稲船　キャラクターに命を与えたんですね。普通なら、アイコンのままでも可愛いからいいじゃないってなるところ、そうじゃなくて、そこにいる存在として向き合った。だから、多くの人からも、友だちみたいな共感を得たのかな。

山口　私とキティの関係も、少しずつ変わっているんです。80年代は友達みたいな感覚でした。一緒にジェットコースターに乗った夢とか見ていましたから（笑）。90年代は自分の分身のような感覚で、自分の着たい服を着せるようになりましたね。2000年代以降はビジネスパートナーのような関係になっていって、商品とかデザインとかいうよりも、キティ自身が自分でアピールするようになってきた。いまはそれを手助けしているような気持ちです。

「徹底的に下調べをして、
設定からディテールを詰める」
山口 裕子

稲船　これは僕の持論なんですが、コンセプトって、生き物だと思うんです。どんなに素晴らしいコンセプトや初期設定があっても、状況に応じてアレンジをし、世話をしてあげなければ、弱ってしまう。壁に当たったときに乗り越えられない。それはキャラクターデザインもゲームもテレビ番組でも同じなのかなと思います。

高須　作品が花だとしたら、コンセプトは種ですよね。長く花を咲かせる秘訣は、優秀で丈夫な種を、要所要所で適切なケアをしながら育てていくことなんでしょう。もっともそのケアは、人目に触れないようにしなければ。仕掛けって、見えると冷めるものだから。つまり、先ほどからシンプルなものが生き残るっていう話だけれど、シンプルに見えるものって、実はいろいろある仕掛けをうまく見せずにやりのけているから、シンプルに見えるんですよ。

失敗の中にある「芽」が、停滞を打ち破る

高須　そういう意味では、『笑っていいとも』の「テレホンショッキング」は仕掛けが実によく機能している企画です。友だちを呼ぶだけの、なんてことない企画だと思うでしょう。でも、毎回違うゲストを呼ぶトーク番組という視点からすると、こんなによくできたものはないくらい。毎日続く番組だと、「昨日はすごく有名な人だったけど、今日はそうでもない」という差はどうしても生まれてしまうのですが、それは番組が怠慢に見える原因になります。ところが「友だち」という言葉ひとつで、その差に意味ができる。さらに、新人やあまり有名でない人を起用する実験の場にもなります。タモリさんがその人の面白さを引き出してくれるから、常に新しい個性を発掘していける。これは番組の鮮度を保つ上でも重要な要素で、本当にとても優秀な企画なんです。

稲船　逆に、失敗のパターンってありますか？ さきほど、番組の新規参入がしにくいとおっしゃっていましたが。

「ハローキティ」(1995年) ©1976, 1995 SANRIO CO., LTD.
リボンのかわりに花をつけたハローキティ

「ゴーエクスパンダ」
山口さんがデザインした、テレビ朝日のキャラクター。通称「ゴーちゃん。」

「ディア ダニエル」 ©1999, 2011 SANRIO CO., LTD.
キティの幼なじみで、ニューヨーク帰りのダニエル

ジュリアスくんとのコラボTシャツ
山口さんの声かけで実現した、ポール・フランクさんとのコラボレーション

海外でのサイン会
各国でのイベントにも参加し、常に新しいヒントを探している。

たかす・みつよし
（放送作家）
1963年兵庫県生まれ。大学卒業後、25歳で『夢で逢えたら』、『ダウンタウンのガキの使いやあらへんで!!』に放送作家として参加。自ら企画した『未来日記』は世界数十ヵ国で放映。現在も『めちゃ×２イケてるッ！』『ロンドンハーツ』、年末の『笑ってはいけない』など多数のテレビ番組を担当。他にもドラマ『明日があるさ』の脚本、映画『賽の目坂』の監督、ヤクルトスワローズの場内演出から、伝説のラジオ番組『放送室』のパーソナリティー、本の執筆とマルチな才能をあわせ持つ。

高須　だいたいにおいて、100％確信を持ってはじめる企画っていうのはまずないですね。それに新しい実験的なものって、たいがい失敗します、残念ながら。でもそういう大失敗の中に、のちに生きる、すごく面白い「種」があったりするんですよ。新しい笑いの構図とか。すぐにはわからないようなものばかりですけど、あとになって、ポンッとつながって化けることがある。だから、安定した老舗モノにばかり頼って新しい挑戦をせずにいると、そういう芽も出てきにくくなるという危機感があります。

稲船　そのあたりはゲームもまったく同じです。昔に比べて開発費が大きくなったので、失敗できなくなった。20数年前は、1本あたり3000万くらいだったものが、いまでは数倍になり、大きなプロジェクトでは数十億ということもあります。昔なら失敗して赤字になっても、そこで得た「芽」が次のヒット作品の元になったり、新しいスタンダードになったりすることがあったんですよね。ところが二桁億の作品で、ミスは許されない。実験せずにつくらないといけないから、行き詰まっている。むしろゲームの実験の場はいま、モバイルのゲームサイトや、スマートフォンのアプリケーションにあるかもしれないです。低予算で、大きなことはできないかもしれないけど、自由に実験ができる。そこで得た発見を元にしてすごいゲームをつくる人が、これから出てくるかもしれません。

山口　私も、それまで赤いリボンがトレードマークだったキティにピンクのお花をつけたとき、社内では猛反対にあいました。「キティがキティでなくなるぞ」って。でもひとつでいいから、リスクの少ない小さな商品でテストをさせてくださいと食い下がって、タオルハンカチで出せることになったんです。そしたら、出したとたんに爆発的に売れて、一気に他商品でも展開することになって、女子高生たちが頭に花をつけはじめて…。

「作品が花だとしたら、
コンセプトは種」
高須 光聖

高須　山口さんでも衝突するんですね。

山口　しょっちゅうですよ（笑）。

稲船　新しいことに衝突はつきもの。でも挑戦しなければ停滞してしまう。停滞してしまうと、いずれ腐って忘れられてしまいます。挑戦なきところに、ロングライフコンセプトは生まれないですよね。

話題づくりの仕掛けかた

稲船　それにしても、キティちゃんのリバイバルブームはすごかったです。あの話題づくりって、どうやったんですか？

高須　本当、そこ聞きたいです（笑）。仕掛けっていうか、何か誘導したんですか。

山口　それはもう、セレブや芸能人の人たちが話題にしてくれたからですよ。

高須　でも、ただ待っていても話題にしてはもらえないじゃないですか。話題づくりに関しては、僕は秋元康さんが本当にうまいと思っているんですけど。AKB48だって、僕は最初、絶対売れないって思ってた。でもそれも仕掛けだったんじゃないかっていまは思うんです。ファン以外の人が「なんで売れてるの？」とか「なんであの子がセンターなんだろう」とか引っかかって、話のネタにするようになる。もうそれが話題のひとつになっているわけですよね。

山口　そういう意味では、キティ好きの芸能人を見つけるとアプローチするようにはしていました。例えば浜崎あゆみさんがキティのひざかけを使っている写真を見て、すぐに手紙を書きました。ちょうど同じころに、華原朋美さんがサンリオショップに来店してキティの商品を購入したという情報が入ったので、やはり手紙を書いて商品を送って…そんなことばっかりやっていたら、いつの間にかテレビで話題にしてくれて。海外ではヒルトン姉妹が火付け役です。キティが好きと言ってくれていたので、初来日のときに会いに行きました。仕掛けというほどではないですが、そうやって、いろんな人にお会いするたび、キティの仕事に結びつくように話はしているつもりです。人って、いろんなところで話題にしてくれ

『ダウンタウンのガキの使いやあらへんで！！』（日本テレビ／毎週日曜22:56〜／1989年〜）

『めちゃ^{2}イケてるッ！』（フジテレビ／毎週土曜19:57 〜／1996年〜）

『アメトーーク！』（テレビ朝日／毎週木曜23:15 〜／2003年〜）

『恋するハニカミ』（2003年〜2009年）

『ロンドンハーツ』（テレビ朝日／毎週火曜21:00 〜／2001年〜）

「立命館大学での講演」（写真提供：ファミ通.com）
大学をはじめ、各所でゲーム業界やクリエイティブについての講演を行っている。

『矛盾があるからヒットは生まれる』（文藝春秋刊）
稲船さんの最新著書。すぐに実践できる「コンセプト仕事術」について書かれている。

「ニコニコ生放送」出演
4月に放送された『日経エンタテイメント！』編集委員
品田英雄さんとの対談。

いなふね・けいじ
（ゲームクリエイター／コンセプター）
1965年大阪府生まれ。専門学校卒業後、デザイナーとしてカプコンへ入社。同社の看板ゲームとなった『ロックマン』のキャラクターデザインを担当、プロデューサーとしてシリーズで2800万本の販売を記録。その後も『バイオハザード2』、『鬼武者』、『デッドライジング』『ロストプラネット』などの人気シリーズのプロデュースを担当し、大ヒットを記録した。2010年に独立し、comcept、interceptの2社を立ち上げ、ゲーム業界の活性化のために様々なことに取り組んでいる。

るものですから。

稲船　山口さんはクリエイターとプロモーターの両方をやっているんですね。だいたい分かれちゃっているんだけど、本当はそうやって、一番わかっているコンセプトメーカーがプロモーションまでやるのがいちばんいいと思います。それに山口さんは、柔軟性が高い。キティちゃんはいろいろなキャラクターとコラボしていますよね。

山口　最初のコラボはポール・フランクさんのお猿のキャラクター、ジュリアスくんでした。仕事でサンフランシスコに行ったとき、偶然サイン会をしていて、彼の写真にサインをしてもらったんですね。その写真にキティのお皿が写っていたので、やはり後日、手紙を書いたんです。「もしキティが好きならコラボしませんか？」って。デザイナー同士だったから話が早かったのかもしれない。出会い運がいいんです。

高須　いや、その行動力がすごいですよ。エネルギッシュだなあ。

常に鮮度を追い求め続ける

稲船　思い入れがある分、自分のキャラクターをいじられることを嫌がるクリエイターは少なくはないと思います。僕自身はわりと平気なほうで、コンセプトさえきちんと共有できていればいい、そうでなければいくつもの作品を手がけられないと思っているんですけど。そのあたりはどうですか？

山口　絶対に譲れないところはあります。例えばキティなら口は描かないこと。そういう前提のルールさえ守っていれば、かたくなになる必要はないと思っています。

高須　ルールは個性にもなりますよね。テレビ番組も、スポンサーからの要求や制限が多いものはやりにくい。でもその中でうまくやろうと工夫した結果が、その番組の軸になることがあります。例えば『恋するハニカミ』は、ひとつだけ「手をつなぐ」というルールをつくった。どんな俳優でも女優でも、初めて手をつなぐ瞬間は絶対に表情が変わるんですよ。それを入れたから、ただデートするだけの番組が、ロングランになったんじゃないかと思っています。

> 「コンセプトって、
> 生き物だと思うんです」
> 稲船 敬二

山口　いいですね。しばりのルールで、逆に個性をアピールできる。キティも口が必要な番組に挑戦してみたいです。ビストロスマップとか（笑）。

高須　正直、何かを長く続けていくことって、疲れることだと思うんです。長く愛されるものは、つくった人間の、血肉に等しい何かコアなものが入り込んでいるから長寿になる。だから愛しくもあるけど、「このへんでもういいかな」って、ふと思っちゃうこともある。自分の中で鮮度を保っていかなければ対峙できません。ちょっと今日、反省しました。自分も、もっとエネルギッシュに鮮度を持って、番組に吹き込んでいかないといけないなあって。

山口　ヒントは常に外から来ると思っています。特にキティは「私たちと一緒」という共感の部分を大事にしているので、つけまつげのようなおしゃれも、街の女の子たちが当たり前にやるようになってから取り入れます。ボーイフレンドのダニエルを登場させたのも、テレビで安室奈美恵さんが「彼氏います」という発言をしたから。それまで、アイドルに彼氏だなんてご法度だったのに、びっくりしました。それ以降、ほかのアイドルたちも続々と宣言するようになったでしょう。それでキティも「ボーイフレンドいます」って、急きょ、発表することにしたんです。そういう意味でも、人との出会いってすごく大事ですね。

稲船　今日お話を聞いていて、ロジカルと感覚のバランスが大事なんだと実感しました。初期設定のために徹底的に下調べをして細部にこだわる。人気のあるものを分析して要素を取り入れる。常に話題を仕掛けていく。かと思うと、失敗からヒントの芽を見つけたり、柔軟に偶然の出会いをチャンスにしたりと、いい意味でいいかげんなところもある（笑）。それこそが、長く使えるコンセプトをつくる秘訣なのかもしれないですね。

AOYAMA DESIGN CONFERENCE

青山デザイン会議

商品開発
ストーリーに学ぶ
アイデア発想術

高橋英之
Hideyuki Takahashi

舛田 淳
Jun Masuda

山本由樹
Yuki Yamamoto

LINE、PCメガネから睡眠グッズ、街コンイベントまで…2012年もさまざまなヒット商品が世の中に話題を提供してきた。商品開発と広告のプランニングは領域は違えど、消費者の欲望・ニーズを的確にとらえ、そこに接続した切り口を提案できるかどうかが成否の鍵を握るという点では、根本的に発想の方法は変わらない。ヒット商品を生みだした仕掛人たちは、どのように他の人が気づかない着眼点を見つけ、商品やサービスのカタチに落とし込み、日常の中にその商品・サービスを定着させる道筋を描き、ヒットまで導いてきたのか。商品開発担当者のアイデア発想術は、広告制作者にとっても発想のヒントの宝庫であるはずだ。スマートフォンアプリ「LINE」や「NAVER」事業を担当するLINEの舛田淳さん、「美魔女」ブームの仕掛け人で新しい女性誌『DRESS』を創刊する山本由樹さん、「人生銀行」「クロックマン」「ハグ＆ドリーム」など数々のヒット玩具を生み出してきたタカラトミーアーツの高橋英之さんと、2012年のヒットの背景を解き明かし、これからのコミュニケーションの行方を予想する。

大づかみにする一言から始まる

高橋　おもちゃメーカーに勤めていると、「よくこんなに面白いものを考えますね」と言われます。でもひとりで考えているわけではないんですよね。チームで複数のアイデアを組み合わせ、外部デザイナーにも入っていただきながらつくります。貯金箱の「人生銀行」の場合、軸となるアイデアは「お金を貯めると、三畳一間に住んでいる人の暮らしが変わる」でした。それをどう商品にしていくか、性能、娯楽性、安全性、生産性、デザイン、各担当者がそれぞれの立場から議論して形にしていきます。

舛田　私も「チームでつくっている」とよく言います。いま「NAVER」「livedoor」「LINE」の事業戦略の責任者をしていて、特にLINEは開発段階から現在までずっと見ています。マーケティングやブランディングを含め、コードを書くこととデザインの実作業以外はほとんど口を出しますが、どれも一人ではできません。よく言うのは「凡人の自分たちが、いかに天才に勝負を挑めるか」。社内にマーク・ザッカーバーグやスティーブ・ジョブズはいないけれど、チームで力を合わせれば、彼らを超えるアイデアを生み出せる。そういう気持ちをベースにものをつくっています。

山本　僕は光文社で26年雑誌をつくってきて、2012年9月に新会社の「gift」を立ち上げました。雑誌を単体で考えると、それはやはり編集長のものだと思います。でも今度新しく始めようとしている『DRESS』はただの雑誌ではなく、プロジェクトとして他メディアと連動したビジネス展開があります。そうなるとお2人がおっしゃったように、すべてに関与はできず、実作業は自分以外の人に頼むことになる。その中で全体のクオリティコントロールや、メッセージの構築を考えていくことになりますね。

高橋　山本さんは著書の中で、雑誌の読者との話の中から「黄金の一言」を発見することが大切だとおっしゃっていましたよね。それ、すごくわかる気がするんです。雑誌とおもちゃとではつくり方も見せ方も違いますし、僕らの場合はアプローチする先が流通の場合が多いのですが、それでもキーワードというのはとても重要で、プレゼンでも、まずコンセプトとなる言葉をぶつけて反応を見て、修正しながら商品の内容やパッケージに落とし込んでいくのが定番のプロセスになっています。

舛田　新しいものをつくるとき、市場調査を元に考えていきますが、我々が自主的に調査をすることはほとんどありません。むしろ、世に出ているデータを大きく見て、絶対に逆戻りすることのないトレンドのようなものを探していきます。例えば「スマートフォンは増えて、フィーチャーフォンは減る」という流れは決して変わらない。PCやフィーチャーフォンの普及期に、導火線となったのはパソコン通信やメールなどのコミュニケーションでした。スマートフォンでも同じことが起きるはず、とコミュニケーションの領域を見てみると、モンスターのようにFacebookが拡大していた。ならば、Facebookと逆のニーズが出てくるはず。つまり、オープンでパブリックではなく、クローズドでプライベートなコミュニケーションを欲するユーザーもいるはず、と考えていきました。

高橋　そうして生まれたのがLINEですか。

舛田　ええ。それに、これまでインターネットサービスはインターネットに詳しいイノベーター、アーリーアダプターを捕まえるというのが定石でした。でも日常的にコミュニケーションを最もヘビーに取るのは誰かといったら、それは女性です。スマートフォンというハイパーマシンを女性たちが手にしたからこそできる発想なのですが、この革命的なタイミングの中では、何よりスピードが重要です。まずコンセプトのわかるものを最速の速さで飾り気なくつくり、あとは外気に触れさせて、その方向性が合っているかどうかのフィードバックをすぐに知る。それを繰り返しやっています。

山本　大多数の人々の不満や欲求を代弁するのが「黄金の一言」です。僕はそういう鉱脈につながる一言を虫の眼で探し、舛田さんは世に出ているマーケティングデータから鳥の眼で読み取っている。ディテールの部分は、確かに人の目に触れさせないとダメなんです。雑誌は読んでもらえなければ終わりなので、出す段階では完成形でな

たかはし・ひでゆき
1965年東京生まれ。青山学院大学卒業後、玩具メーカー、レコード会社で企画・宣伝に従事。その後会社勤めを辞め、小さなカフェを下北沢で7年間経営。2004年にタカラ（現タカラトミー）入社、10年よりタカラトミーアーツでマーケティングを担当。担当してきた主な商品に「人生銀行」シリーズ、「バウリンガルボイス」、「クロックマン」シリーズ、「バンクマン」シリーズ、「にんげんがっき」、「ディズニービーンズコレクション」「ハグ＆ドリーム ミニーマウス」などがある。

くてはいけない。だからそこに至るまでに編集部員全員が外に出てものすごい数のヒアリングを重ね、その結果を持ち寄って誌面制作に入っていきます。

最速でコアバリューを提示する

舛田　ものを生み出すときはスピード重視でトップダウン、逆に成長させるときはボトムアップで、完全にユーザーと一緒にものをつくっていく感覚です。そうしないと、余計なものをくっつけてしまいます。よく「幕の内弁当はやめよう、寿司一貫でいいから、とりあえず出そう」と言っています。我々が考えている価値が通用するのかしないかはそれでわかるから。LINEの場合、知り合い同士でクローズドに、スマートフォンでチャットする。これがコアバリューです。だから最初はスタンプも無ければ無料通話もありませんでした。それなら開発も速くできますし、失敗しても“心が折れない”。1年もかけて開発して外したら、本当に立ち直れなくなるんじゃないかと思いますし、上の人間からすると、そのチームにもう一度任せられるのかということになる。だから小さく出してみて、反応が悪ければすぐに引っ込めて、次の球をどんどんセットして、可能性があるものに一点集中させる、という考え方です。

高橋　自分も、小さく生んで大きく育てるって大事だなって思っています。従来のメーカーの発想だと、どうしても最初からマスで考えてしまう。それはもう時代に合わなくなってきていると思います。メーカーは生産の最小単位がどうしてもありますが、例えばプロモーションのときはインターネットで徐々に火をつけるように始めていくやり方はありますね。

舛田　インターネットサービスに出荷台数はないですが、小さく出すにしても、最初にスケール感は意識しています。このコンテンツは、順調に伸びていったときにどこまでいけるのか。世界NO.1になれるスケールがあるのか、国内だけか、あるいは、コアな層にだけ受ければいいのか。そこはすごく考えています。

「貯金箱ブームが来ますよ！」と言いつづけたんです
高橋英之

山本　雑誌の場合は、ターゲティングに関してブレるとダメです。例えば、『DRESS』のターゲットは、アラフォー独身女性。いま増えているとはいえ、少数派ですよね。読者を増やしたいと思うと、多数派にもアピールしたくなってしまうんですよ。主婦にも、30代前半にも読んでもらおうとか。そうやってどんどんターゲットを拡散させてしまうと、その結果、どの層にも読んでもらえなくなる。実際には、独身マインドを持った妻たちも読んでくれると思うんです。でもつくり手側がそちらにもすり寄った瞬間に、僕らがメッセージとして構築してきたものがすべて崩れてしまう。成功している雑誌はすべて、つくっている人間が、一言でコンセプトとターゲットを説明できるものです。

舛田　雑誌の場合は、ターゲティング自体が、コンセプトに直結していますよね。

山本　そうですね。でもね、いまや雑誌の敵はスマホですよ。僕自身、いま一番接触の多いメディアです。人類の歴史の中で、個人同士のコミュニケーションがこんなに大量に流通している時代はないんじゃないですか。

舛田　インターネットの特性は、知らない人たちを出会わせることでしたよね。趣味が同じ人たちとか、遠い国の人たちとか。でもそれが行き過ぎていて、そんなにみんな、知らない人と出会いたくないんじゃないかって思うこともあって。LINEはサービスの中で新たに関係性を作っていくのではなく、日常の関係性がトレースされているという風に、実生活に合わせたかったんです。最初は「Skypeがあるんだから、新しく作らなくてもいいじゃない」って言われましたけどね。

高橋　その話、記事で読ませていただいて素晴らしいなと思いました。普通に考えると「Skypeがあるじゃん」で終わってしまう。でもその先の可能性を実現したという。

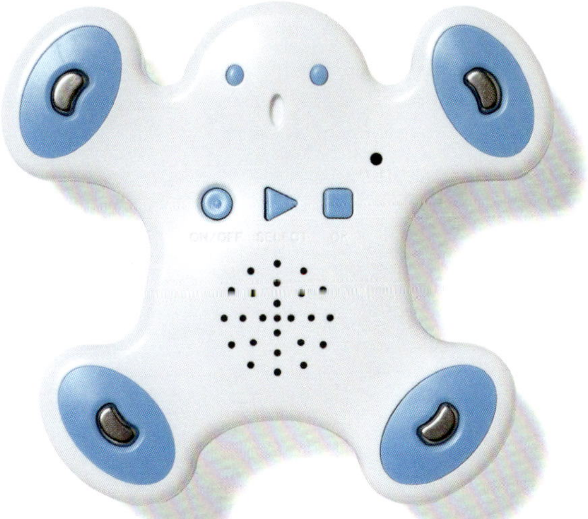

「にんげんがっき」(2011)
両手足に電極を搭載し、触れた人の身体を楽器に変えるおもちゃ。

「クロックマン」(2009)
針も液晶表示もない、目や口を動かしながらしゃべる置時計 兼 目覚まし時計。

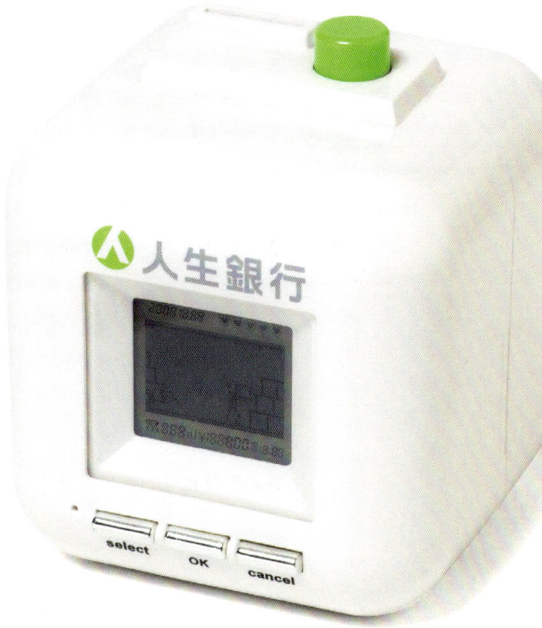

「人生銀行」(2006)
貯金の進捗状況によって液晶画面の中の住人の生活が変化する、アイデア貯金箱。

「ハグ&ドリーム/ミニーマウスモデル」(2012)
呼吸のようなリズムでおなかが動く。抱きしめることで眠りを誘う、リラックスぬいぐるみ。

ますだ・じゅん
1977年神奈川県生まれ。大学在学中より、フリーランスのコンテンツプランナーとして活動。2006年、百度（現バイドゥ）取締役／Vice President of Products & Marketingに就任。その後、08年10月にNAVER Japanに入社、事業戦略室長／チーフストラテジストとして従事。12年1月、グループの経営統合に伴い、NHN Japan（現LINE）の「NAVER」「livedoor」「LINE」の事業戦略・マーケティング責任者として執行役員／CSMO（Chief Strategy & Marketing Officer）に就任。現在に至る。

舛田　Skypeは素晴らしいサービスで、僕も便利に使い続けています。でも、広がらないんですよね。いつまでたっても、妻は使ってくれないわけですよ。距離感があるんです。だからその意見に対しては、「だって、皆使ってないじゃないですか」と言って通しました（笑）。

そぎ落とすほどメッセージは伝わる

山本　LINEは、ネーミングも「つながっている」という意味でわかりやすくていい。ネーミングでイメージが共有できるって、とても大事です。

舛田　これまでは、検索性を重視して、ユニークなサービス名にせざるを得なかったんです。一般名詞だと埋もれてしまいますから。けれど、LINEの名前をつけるときに「LINEっていいよね、まさに人と人をつなげる線。OSもデバイスも全部つなげていける。この名前にしたい」という意見が出て。「検索だと出てこない」という意見もあったんですけど、最もコンセプトが伝わる名前であることは間違いないので、あきらめられなかったんです。あと、これはスマホのアプリだから実現できたネーミングでもあります。Webから検索して探さなくても、アップストアやグーグルプレイストアの中でランキング上位だったらいいわけですよ。ほかのネーミング候補は「GreenTalk」など、機能面を推してたんですね。でも機能じゃない、存在を推すべきだと皆が感じたんです。

山本　「LINE」って、メッセージなんですよ。『DRESS』もそう。ちょうど僕と時を同じくして辞めた有能な若手の編集者が何人かいたんですけど、彼らがつくった会社の名前がみんな一般名称でした。「cakes」「CORK」というように。いまはそういうシンプルなメッセージの時代になっている気がします。『DRESS』は登録商標の関係で難しいかなと思っていたんですけど、奇跡的に空いていて。一般名詞をたくさん商標登録しておくといいかもしれない（笑）。

「最速の速さで飾り気なくつくり
あとは外気に触れさせる」
舛田 淳

高橋　ちなみに「人生」は、タカラトミーの商標なんです。おかげで「人生銀行」が登録できました。40年前に「LIFE」というゲームを輸入翻訳して「人生ゲーム」と置き換えてくれた先輩の遺産のおかげで、50万個以上を売ることができました。商標は大事ですね。

舛田　おもちゃの名前ってユニークですよね。どう考えるんですか？

高橋　人間の身体に触ると音が鳴る「にんげんがっき」というおもちゃは、最初発案者がすごくネーミングに悩んでいたんです。会議でどの案もダメと言われて、最後まで決着がつかなくて。そこで「もしこれがドラえもんのポケットから出てきたら、何て言うと思う？」と聞いたんですよ。そしたら彼女がドラえもんの真似をして「にんげんがっき～！」って。「あ、それだよ商品名！」って生まれた名前です（笑）。

山本　共通するのはシンプルな発想ですね。

高橋　さっきの話でもありましたけど、つくり手はついいろんなものを盛り込みたくなりますよね。自分の大事な商品だから。でもお客さんには、すべての説明を聞く時間なんてありません。だから一瞬で伝えるにはどうしたらいいかを考えて、打ち出す部分もそぎ落としていきます。例えば「人生銀行」は24歳の女性社員が考案したんですよ。それを知った新聞記者の方が発売当初、彼女の年齢のことを書きたいと言ってくださったんです。でも、彼女と話し合ってそれはやめました。それを書いてしまうと、読者の関心はそこに行ってしまって、「お金を貯めると人生が変わる」という商品の面白さとは違う記事になってしまうから。まずはつくり手が女性であることも年齢のことも伏せて、商品コンセプトの面白さだけを打ち出しました。そして翌年彼女がテレビ取材に出たのをきっかけに、今度は彼女を前面に出し、日経ウーマンオブザイヤーをいただいて、と次の話題をつくっていったんです。

山本　保険をかけてしまいがちなところを、

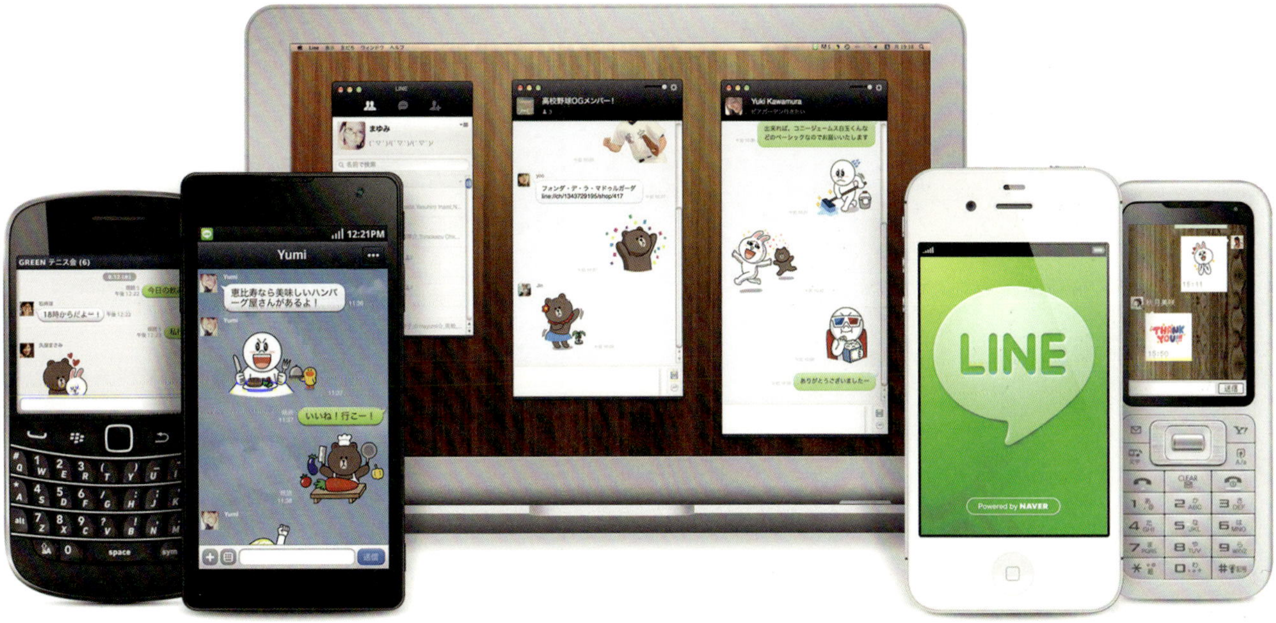

スマートフォンアプリ「LINE」は、2011年6月にサービスを開始し、2012年12月には登録ユーザー数が世界8500万人（うち国内3700万人）を突破。
2012年度グッドデザイン賞 金賞、iFデザイン賞 クロスメディア広告部門を受賞。

LINEの基本機能「無料音声通話」と「無料メール」。

『「欲望」のマーケティング』（ディスカヴァー携書、2012）

雑誌『DRESS』プレ創刊号

シングルアラフォー向け新雑誌。創刊号は2013年4月1日発行。

Webサイト「Project DRESS」

雑誌に先駆けて2012年12月オープン。コラム、ファッション、ビューティ情報、雑誌と連動したECなど。

gift会社設立発表会

2012年10月、DRESS創刊発表会と共に開催。左から、最高顧問 秋元康さん、取締役副会長 藤田晋さん、代表取締役社長／DRESS編集長 山本由樹さん、取締役会長 見城徹さん、名誉会長 松浦勝人さん。

やまもと・ゆき
1962年生まれ。上智大学新聞学科卒業後、86年に光文社入社。『女性自身』編集部にて16年、『STORY』『美ST』編集部にて10年、一貫してアラフォー女性をメイン読者とした雑誌編集に携わる。『美ST』編集長時代には「国民的美魔女コンテスト」を主催、メディアの垣根を超えた「美魔女」ブームを仕掛ける。2012年7月に光文社を退社、同年9月に音楽プロデューサー 秋元康、エイベックス社長 松浦勝人、サイバーエージェント社長 藤田晋、幻冬舎社長 見城徹と共にgiftを設立、社長に就任。

落としていくことって勇気がいる。普通はなかなかできません。それを軽々とやってしまうところが、お2人がヒットを生む強さなんだろうなと思います。大きな企業で意見を通すのって、大変なことですよね。

高橋　僕は小心者なので、あまり戦いません(笑)。睡眠グッズの「ハグ&ドリーム」は20〜30代の女性向けの商品なんですけど、最初は「うちはおもちゃメーカーだから、子ども向けの商品にしたほうがいいんじゃない？」と言われました。営業もそう言います。なので、企画書を通すまでは「そうですね、この商品はすべての女性に向けた商品です」と子どもから大人までOKみたいな言い方をして、商品発表のときに「20〜30代向け」と言葉を変えました。サラリーマンのテクニックです（笑）。

山本　僕も前の会社ではそうしてました。正面から戦わないために必要な技ですよね。

舛田　弊社の場合は、そういった点の苦労はあまりないかもしれません。決済プロセスが短い、というかほとんどないですから。

山本　どういう仕組みなんですか？

舛田　何かをやるには、担当役員と取締役を通せばOKなんです。それ以外はほぼフラットなので。それも会議の場ではなく、歩いているところを引き止めてその場でどんどん判断していきます。決済に時間をかけると、旬のタイミングを逃してしまう。むしろ、決済のための資料はつくるなと言っています。全プロジェクトそうですね。

言葉にすればコトは動きだす

山本　LINEはもうすぐ全世界のユーザー1億人だとか。これは想定通りですか？

舛田　最初はただ単に自分が言い出しただけで、スタッフは皆キョトンとしていました。いまでは視野に入ってきています。言葉にしてみるものですよね。

山本　『DRESS』にも「100年先の女性の生き方を応援したい」というコンセプトがあります。100年先ってすごく大風呂敷だけど、『婦人公論』は97年前に創刊していまも続いています。そう思えば、無理とは限らないし、目標は大きいほうがいい。

「大多数の人々の不満や欲求を代弁するのが『黄金の一言』」
山本由樹

舛田　日本のサービスって、たいてい日本市場を取ると守りに入って、成長が止まってしまう。でもLINEはその先を見ているので、まだまだ。おごることもありません。

高橋　「人生銀行」を出したとき、僕はあちこちで「貯金箱ブームが来ますよ！」と言いつづけたんです。「ブームが来ていますからもっと売り場を大きくしましょうよ」とアプローチし続けて、売り場が大きくなると今度はマスコミが取材に来て、それが「いま貯金箱ブーム」みたいな内容になっている（笑）。それから約1年後、本当にブームを形にしなければと思って、競合他社にあたるバンダイさんやバンプレストさんにお声がけして、「一緒に『貯金箱の日』をつくりましょう」と言いました。「だって、ブームなんですから」と。それでさらに流通がヒートアップして…と。言葉にすることで動くものは大きいです。

舛田　カテゴリができると強くなりますね。

高橋　自分はマーケティングの中で、ターゲティングと同時にカテゴライズやポジショニングを大事にしています。お客さんの目にどう映れば買ってもらえるのか。「ハグ&ドリーム」はぬいぐるみのカテゴリに入ってしまうと売れないと思ったので、「眠りの役に立つ商品」というポジションを取りました。いままでに世の中にあったものでも、それをどう表現するのかによって新しい市場ができるのかなと思っています。

舛田　『DRESS』も「雑誌というプロジェクト」カテゴリの走りになるわけですよね。カテゴリをつくるのは大変だけど、先に走れば、本物として揺るがない存在になる。今日お話をうかがって、おもちゃもメディアもコミュニケーションサービスも、考えるプロセスは一緒なんだと実感しました。

山本　ヒットというのは、いかに一般性を得るかですよね。そこに至るプロセスで共通していたのは、「そぎ落とす」こと。これからの時代のマーケティングを切り拓くための、大きなキーワードになりそうです。

PART 02

トップクリエイターの企画プレゼン術

CHAPTER06

私のプレゼン術

気になるあのキャンペーン、
「どうやったら通せるの？」と思ってしまうような
一見奇抜な広告は、
どんなプレゼンを通じて実現したのか。
クリエイターの皆さんに実際に使われた企画書を
公開してもらうと共に、
それぞれのプレゼン作法を語っていただきました。
プレゼンの仕方に正解はありません。
しかし、プレゼンが通る人と通らない人はいます。
クリエイターが語るプレゼン作法に、
我流で進化させてきた自身のプレゼンの
思わぬ改善点が見つかるかもしれません。

art direction-NAOMI HOU（TUGBOAT3）　photographer-KYOSUKE IRIFUNE　model-MIWA KITAGAWA

Open The Presentation

!!!

プレゼンは決定の儀式である

電通
白土謙二

さまざまな"伝説のプレゼン"のエピソードを持つ白土謙二さん。人をあっと驚かせる多彩なプレゼンスタイルの背景には、プレゼンに対するゆるぎない哲学がある。

数十億の仕事も1分で説明できる

この仕事をはじめて30年近くになりますが、いまでもあらゆるプレゼンのベースとなっているのは、入社2カ月目から10年近く担当したソニーの仕事です。

入社した70年代当時は、いい広告で話題になれば必ず物が売れた、広告にとって幸せな時代でした。宣伝部も「面白い企画はどんどん持ってきてくれ」と強気だった。しかし、そんな時代にもかかわらず、僕の企画はまったく通らなかったんです。

誰も見たことのない面白い企画だという自信はあるのに、どこに行っても通らないのはなぜなのか。自分の説明が下手なのだろうか。悩んで相談したのが、当時ソニーの宣伝部門にいらっしゃった河野透さんでした。当時、河野さんは第一線でカッコイイ広告をバンバン作っていて、恥も外聞もなく「どうすればあんなにキレのいい企画を通すことができるんですか」と尋ねてみました。そのとき見せていただいた企画書は、「マーケティング」「ターゲティング」「表現」「商品」の4枚構成で、数十億円のキャンペーンでもわずか1分で説明できるものでした。そのシンプルさに衝撃を受けました。

河野さんは、2つの大事なことを教えてくださいました。ひとつ目は「すべてのプレゼンは結論が一行になっていなければならない」ということ。「誰に何を言うのか」をはっきりさせた上で、それをどう表現するかということです。2つ目は「営業はそれをどう見るのか」の視点を持つこと。商品を売り込む営業部が「これなら売れる」と共感して、勇気を得て本気で売りに行きたくなる表現になっているかどうか。

以来この2つはずっと守り続けています。僕はそれまで「これが面白い」としか説明していなかった。そうでなく、その表現が競合に勝つためになぜ必要か、ビジネスの言葉で説明しなければならなかったんです。

「通らないCM研究会」をはじめる

当時は宣伝部が社長の直轄であることが多く、若手でもプレゼンの相手は社長でした。社長の関心はキャンペーンが成功して競合に勝つことですから、表現以外にもさまざまな要素を会議のテーブルに乗せてきます。それに答えられないと会議が進まないので、こちらも社長との議論に負けないように準備をします。

その結果、製品が作られた背景から、市場での実力、さらにはその会社の営業力まで自然と考えるようになり、視野が広がりました。極端な場合、「この商品は広告をしない方がいいのではないか」とか「商品から作らせてもらえませんか」と提案することもありました。そのうちネーミングやロゴのデザインを含めた、キャンペーンの企画や商品開発、事業そのものの提案を求

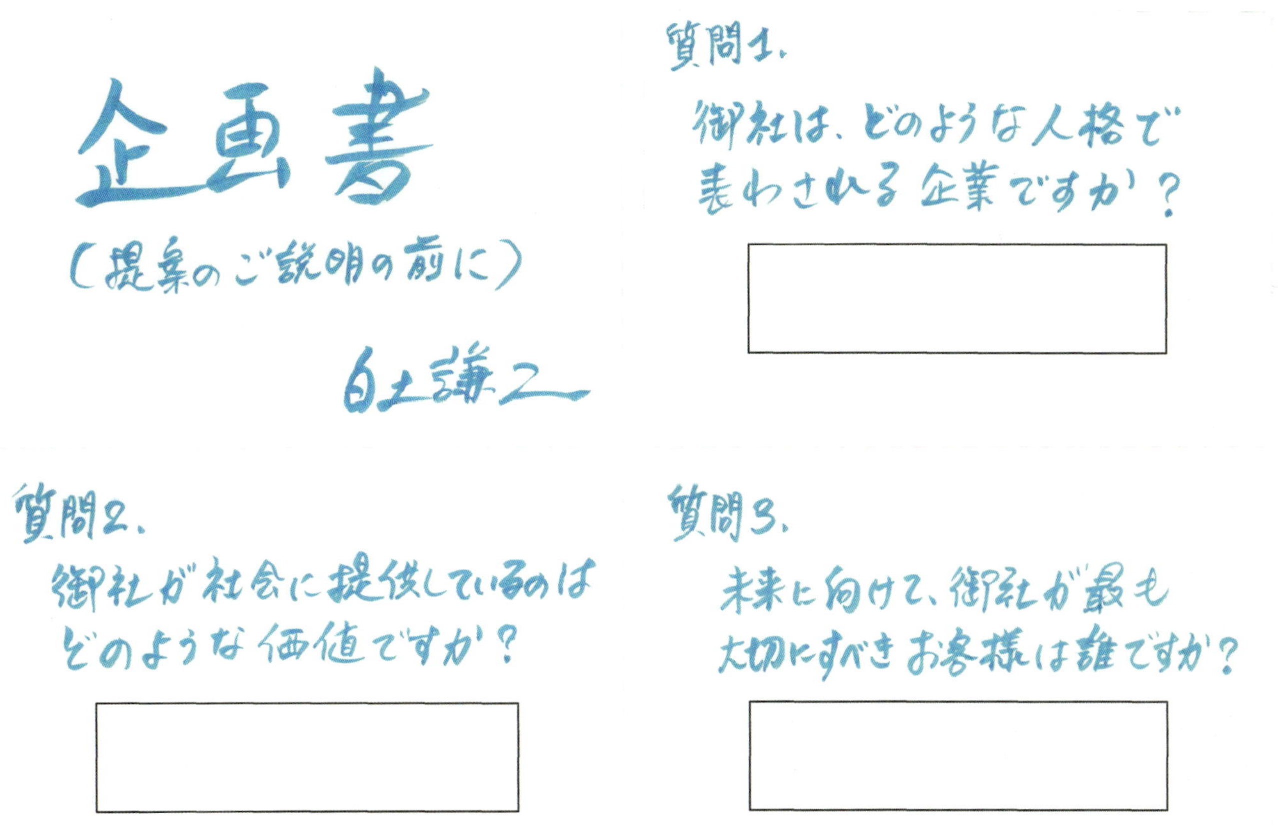
企画書
（提案のご説明の前に）
白土謙二
質問1.
御社は、どのような人格で表わされる企業ですか？
質問2.
御社が社会に提供しているのはどのような価値ですか？
質問3.
未来に向けて、御社が最も大切にすべきお客様は誰ですか？

01

しらつち・けんじ
電通 特命顧問。1952年生まれ。77年電通入社、以来約20年間クリエイティブ・ディレクター、CMプランナー、コピーライターをつとめ、現在は企業の経営・事業戦略、商品開発、ブランドコミュニケーションなど、戦略と表現の両面から、あらゆる領域の統合的コンサルティングを行う。

01 プレゼンの場でクライアントに問いかけて考えてもらう、設問形式の企画書。白土さんの用意した答えとその場で比較することで、視点の違いが実感してもらえる。筆文字を使うのも常套手段。他の企画書と差別化する方法をいつも考えている。

められるようになっていったんです。

その頃担当していたある案件で、4年間で約500本という大量のCM案を出し続ける仕事がありました。そういうスピードで回すときも、企画を通すためのロジックはきっちりやる。毎回手早く作っていたのがいい訓練になりました。

その忙しい最中に始めたのが、「通らないCM研究会」です。表現は先鋭化するほど通りにくくなりますが、一発で通るような表現ではお茶の間で印象に残すことはできない。そこで、最初にクライアントが絶対に通さないような案をあえて作るんです。「これはさすがにダメです」と言われたら、戻って1時間以内にもう1回プレゼンに来る。実は通せるものは作ってあるけれど、それを最初から出したら永遠に尖った企画は実現できないですからね。

そういう企画ばかり出していると、クライアントの意識もだんだん変わってきて、尖った企画に対する理解が少しずつ生まれてきます。そのうち、自分たちにチャレンジをうながすために、通るギリギリのところで少しでも面白い企画を作ろうとしているのだと、真の狙いもわかってもらえます。通らない企画を考えることは難しいですし、それを企画書にしてプレゼンするのは二重に難しいわけで、「通らないCM研究会」は結果的に発想力を鍛え、プレゼンの幅を広げる練習になりました。

プレゼンをエンタメ化する理由

毎回同じスタイルのプレゼンをしていると、見ているほうも飽きるのではないかと思い、さまざまな「プレゼンエンターテインメント」を開発しました。例えば、指名されているにもかかわらず「競合プレゼンに呼んでいただきありがとうございます」と始める。架空のA広告会社、B広告会社、と1時間の持ち時間を15分ずつ分割してプレゼンをしたこともあります。もちろんどの広告会社のアイデアも自分のチームのものです。だいたいC広告会社辺りまで来たところで、クライアントは苦笑し始めます。「ああ、オリエンがバラバラということを指摘しているんだな」と気づくわけです。

クライアントが「絶対に売らなければいけない」と思っているものほど、いろいろな人が口を出してオリエンがまとまらなくなります。そんなときは、マーケティングから営業、販売まで集まって役員合宿をします。合宿では、まず全員に不満を吐き出してもらいます。「思っていることはこの場で残らず言ってください。僕たちはそれに応える案を明日の朝までに100個用意しますから」と。そして、言葉通り翌朝までにキャッチフレーズ、コンセプト、メインビジュアルをラフで100案考えて貼り出します。それを翌日の午前中でクライアントと3案に絞り込みます。そうして絞り込んだ3案をプレゼンまでに完璧なキャンペーン案に仕上げます。先に不満を聞き、それを打ち消す形で案を作っているわけですから、否定のしようがないわけです。

多くのクライアントは真面目です。さまざまな思いこみや、社内の組織の壁に阻まれて尖鋭的な企画に対して尻込みしてしまう。プレゼンは、その真面目さのいい面を生かしつつも、発想をずらして良い結論に到達する、という知的ゲームだと僕は考えています。プレゼンは“決定のための儀式”ですから、いくらいい議論ができても、決定しなければ何の意味もない。僕がプレゼンをエンタメ化するのは、こうした思いこみから自由になってもらい、本来の力を発揮してもらうためなのです。

オリエンは質問をする場

プレゼンの質を決定するのは、オリエンの受け方だと思っています。多くの人はオリエンをクライアントの説明を聞く場だと思っていますが、それは間違いです。オリエンは、こちらが質問する場なのです。オリエンで僕たちが聞く説明は、宣伝部が社内で取材した情報ですから、言わば間接情報。本当のところを聞き出す必要があります。「本当にこの商品は良い商品なんですか？」「競合より優れているんですか？」と納得できるまで確認をする。オリエンでは“自分がわかる”ことがとても大事です。

「無農薬の野菜を宣伝してほしい」と言われて、どのように作られているのか、農家まで確かめに行ったこともあります。ディーラーがどんな風に車を売っているのかを取材に行ったこともあります。そこまでやるのは、そういうこともわからないまま広告を作るのはプロではないと感じるからです。予算をかけて広告を打つクライアントに売上げを保証するためには、ビジネスをもっと深く理解する必要があるのです。

プレゼン上手になるための研究

プレゼンの研究もずっと続けています。プレゼンを、表現からさかのぼって想像することはできません。「密室の演劇」であるプレゼンの謎を知るため、これまでいろいろな人に使い終わった企画書をもらったり、質問への切り返し方などをインタビューしてきました。企画書を、自分の担当する企業や商品に置き換えてもう一度作り直してみると、型がわかります。集めた企画書から10パターンぐらいの型を抽出し、それをベースに自分なりの型を開発しました。5つぐらいのパターンがあれば、だいたいどんなものもこなせます。

それぞれの人にはキャラクターがあるので、単なる人真似ではダメで、自分に合った型を作るといいですね。ちなみに、僕が企画書に力を入れるのは、実は人の目を見ながら話すのが苦手だからなんです。企画書をめくりながら話をすれば、目を合わさずに済みますから（笑）。

もしプレゼンまで1週間しかなかったら、2日間で企画を考えて、あとの5日間でプレゼンの方法を考えます。考えたことは実行できなければ意味がありませんから、伝えることが大事です。プレゼンテーションは、プレゼント。「そんな見方もあるんだ」「そんな表現があるんだ」「そこまでやってくれるんだ」と、クライアントにワクワクして喜んでもらえる場にするのが、プロの仕事だと思います。

▶プレゼンテーションおよび企画書の、白土的定義

その **1** **「プレゼンテーションとは、“決定のための儀式”である。」**

▶よってどんなに議論が盛り上がろうと、何の決定も行われないプレゼンは意味がない。

その **2** **「プレゼンテーションとは、“プレゼントの場”である。」**

▶よって、クライアントやその先にいる生活者が喜んだりワクワクしないプレゼント（提案）は価値がない。

その **3** **「企画書とは、“説得する、つまり納得していただく”ためのツールである。」**

▶企画書とは提案や表現を専門家の言葉で説明するためのものではなく、ビジネス的な妥当性を解説するためのものである。

その **4** **「企画書とは、プレゼンを受けたクライアントが社内を根回しするための支援ツールでもある。」**

▶よって、そのクライアントにあったロジックや言葉遣い、他部署とりわけ営業部門への配慮は不可欠である。

!!!

プレゼンは思考量とホスピタリティだ

電通

岸 勇希

プレゼンの上手さは先天性のものではなく、必ず訓練で身につくものだと、電通 コミュニケーション・デザイン・センターの岸勇希さんは話す。数多くの講演で全国を飛び回り、ときに熱い語り口で高揚感を生み、ときにわかりやすい例え話で共感を得る。鮮やかに人の心を動かす、そのプレゼン流儀を聞いた。

説得する技術ではなく納得してもらう技術

「プレゼンでは常に、聞き手の気持ちを動かすことが求められます。とはいえ、プレゼンをあまり特別な技術だと考える必要はありません。むしろ普段の会話や、人付き合いと同じコミュニケーションのひとつだと思ったほうがよいでしょう」と岸勇希さんは話す。

プレゼン＝相手に自分の考えを伝えることと考えがちだが、大切なのはその結果、相手が何かしらアクションしたくなるかどうかだ。「プレゼンとは、相手の気持ちを動かすことです。ですからどんなに理由を並べて理詰めで説得したとしても、納得できないしこりが残ってしまえば、それは不完全なわけです」。相手が心からうなずきたくなるような状態を作りだせてこそ、理想的なプレゼンと言えるのだ。

世の中にプレゼンテーションの上達法を指南する本は多くあるものの、プレゼンの本質的な役割を忘れて、技術だけを上げようと努力しても意味がないと岸さんは指摘する。「人はテクニックや内容だけでは動きません。その人が話している意図や意志、想いが大切です。僕が著書『コミュニケーションをデザインするための本』の中で、『仕組みではなく、気持ちをデザインする』重要性に触れていることと同じなのです」。

企画書とプレゼンは切り離せない

岸さんのプレゼンのスタイルはさまざまだ。部屋のサイズや人数、聞く人との関係性などを考慮し、パワーポイントを使用したほうがよいのか、紙の企画書をめくりながらがよいのか、座るか立つか、常に相手にとって一番聞きやすい状況づくりを意識する。さらに話すトーンや言葉の使い方も、相手によって変えている。情熱的に話す方が響く相手なのか、それとも冷静に淡々と話した方が好まれるのか、すべては先方次第だ。プレゼンごとに大きくスタイルが異なるため、ときに同席した後輩に「別人かと思いました！」と驚かれるほどだ。

そして「優れたプレゼンは、優れた企画書づくりから」と岸さんは言い切る。企画書は、最初からフィニッシュまで“絶対に”自分で仕上げるのが信条だ。プレゼンで話す内容やシーンをイメージし、読み上げながら企画書を書いていく。「プレゼンは物語なので、流れがとても重要。紙芝居の絵を作っていると思えばいいんです。どんな絵を見せながら、どんな間でストーリーテリングしていくのか、ページ送りのタイミ

きし・ゆうき

電通 コミュニケーション・デザイン・センター　コミュニケーション・デザイナー／クリエーティブ・ディレクター。2004年電通入社。これまでの仕事に永谷園「生姜部」、JUJUのPVやアルバム制作、フジテレビドラマ「東京リトル・ラブ」、高橋酒造「SHIRO CHEERS SYSTEM」など。広告領域に留まらず、広義のコミュニケーション・デザインを実践。東京大学非常勤講師。著書に『コミュニケーションをデザインするための本』（電通）。

04

ングも含めて何度も検証し、構成していきます」。こうして岸さんが徹底的につくりこんだ企画書は、リズミカルな物語のようで、チームメンバーであれば、誰でもプレゼンできるように仕上がるという。

ストーリー性を重視する岸さんの企画書で目を引くのが、企画時の思考経路をわかりやすく追った矢印と、ところどころに挟みこまれる、疑問符つきの投げかけの言葉だ。例えば、「これまでのやり方では効果が出にくくなってしまった。」という文言を見せた後に、矢印を表示して「思い切ってこれまでの施策をやめてみます！」とつなげる。そして次のスライドには、「さて、本当にやめても大丈夫か？」という言葉が現れる。これは、思考のプロセスを必要以上に丁寧に見せ、話を聞いている相手と歩調を合わせる工夫だ。

「相手の頭に浮かぶであろう疑問を先回りしてスライドに提示するんです。そこで『そうそう、そうなんだよね』と思考のスピードを揃えられれば、初めてプレゼンを聞く相手にも、考えがスムーズに伝わります。極端には、『で？』とだけ書かれたスライドもあるくらいです」。

とにかく「伝わる」ための工夫は惜しまない。プレゼンは伝わるか伝わらないか。伝わりもしないのに勝ちも負けもないのだ。

サンデル流は
究極のプレゼンスタイル？

そんな岸さんが興味を持っている人物がいる。『これからの「正義」の話をしよう』『ハーバード白熱教室講義録』などで一躍名を知られるようになった、ハーバード大学の政治哲学者 マイケル・サンデル教授だ。「サンデル先生は、プレゼンの場で聞き手から意見を吸い上げ、それをコントロールしながら伝えたいことに昇華していく。いわばファシリテーションとプレゼンテーションを同時に行うスタイルを見せてくれました。プレゼン中に相手の意見を聞くというのは、ある意味不確定要素を取り入れることであり、リスクの高いことだと思います。しかしそれを上手く組み込みながら、最終的に伝えるべき結論に到達させていく技術は本当に見事。圧倒的な思考量と、高度なコミュニケーション能力なしには成し得ない技だと思います」。

一般的なプレゼンとは異なるが、人に何かを伝えて納得してもらう行為のひとつとしてプロセスにインタラクションを組み込むサンデル教授の講義スタイルも、プレゼンの流儀のひとつ。岸さん自身も密かにチャレンジしているという。

思考力より思考量
日ごろの訓練がすべて

「プレゼンが上手くなるにはどうすればいいんですか？」。岸さんの元には、日々そんな相談が舞い込む。その答えは、「とにかく数をこなすこと」。経験を積むことで、聞き手がついてこられなくなる、つまり理解しづらくなる場所や、逆に高揚する箇所がわかるようになる。聞き手の頭の中や気持ちを次々と先読みして答えていくことがストーリーテリングとなり、企画書がひとつの物語として完成していく。

そして、ストーリーを考えるときにモノを言うのが、“思考量”だという。「思考力ではなく、思考量。ここで他のチームと差をつけています。通常ひとつの案件につき、最低でも100時間はブレストをします。案件が大きければ500時間以上かけることも

04

ざらです。一見無駄にも思えますが、何度も何度も同じような思考と結論を繰り返しながら、少しずつ企画を検証していきます。圧倒的な量を考えることで、話の展開の途中でひっかかるポイントが見えてきますから、その部分をわかりやすくする作業を何度も繰り返していく。こうして企画の精度をどんどん上げていくわけです。自分たちが先に思考量を稼いでおくことで、どんな質問が来ても、全て想定済みの範囲内にできる。だから堂々としていられるんです」。

岸さんと同じチームに所属するプランナーの薬師寺肇さんは、2年ほど前に同じチームに配属されて以降、岸さんのプレゼンスタイルを貪欲に吸収し、プレゼンスキルを上げてきたメンバーのひとり。「岸さんのプレゼンは、クライアントの思考が一歩先、二歩先にどうなるかを読んでおくタテ方向の深さと、その各々の段階であらゆる視点から検証しておくヨコ方向の広さ、その両方をカバーしています。思考量とは、このタテ×ヨコの掛け算。その面積の大きさが、強いプレゼンを支えているんです」。

相手の感情を動かす
ホスピタリティ

薬師寺さんは、岸チームに来てからプレゼン時の“ホスピタリティ”の重要性も学んだと話す。「以前は、企画書を完成させればゴールだと思っていました。でも実は、その先が大事。例えば企画書の分量が多ければ、目次のページを別に置き、全体の進行状況が常にわかるようにしておく。視力の悪い方がいれば、その方の資料だけA3で大きめにプリントアウトしておく。資料をいつどんな手順で配るのかが最良かも、常に気にかけるようになりました。それはプレゼンの技術というより、気配り。いわば“おもてなし精神”だと思います」。

「プレゼンでは、相手をいかに驚かせ、楽しませるか。そして相手の立場に立ったホスピタリティ、『いい話を聞いた』と満足させるエンターテインメント精神が大切」と岸さんは応じる。一方的に言いたいことだけ聞かされて、楽しいと思う人はいない。相手の感情を動かしていくような、サプライズがなければならない。そのために岸さんが多用する方法のひとつが、面白くて役に立つ例え話だ。日常的に転がる小ネタから始まる世の中の分析や、最新の事例紹介、また岸さん自身が感銘を受けたクライアントの言葉など、納得や共感を生み出すエピソードで、聞き手の気持ちを引き込んでいく。こうした話のレパートリーは、全てこれまで現場の経験で得てきたもの。だからこそ、場数を踏むことが大事だと岸さんは重ねて強調する。数を重ねるほど、思考量も技術も飛躍的に上達する。経験はプレゼン上達の最良の教師なのだ。

01　岸さんがプレゼンで使うスライドの例。矢印や疑問符つきの投げかけを多用し、思考のプロセスを必要以上に丁寧に見せ、相手と歩調を合わせる。
02　ハーバード大学の政治哲学者 マイケル・サンデル教授のプレゼンテーションスタイルには岸さんも注目。(写真提供:早川書房)

▶岸流・プレゼン上達の5カ条

- その **1**　**とにかく数をこなす。自分のビデオを見るのも有効。**
- その **2**　**読み上げながら企画書を書け。**
- その **3**　**相手の頭と同じペースで話を進める。**
- その **4**　**事前の思考量がモノを言う。**
- その **5**　**相手を驚かせ、楽しませるホスピタリティを最大限に発揮せよ。**

!!!

CHAPTER 07

話題のキャンペーン 企画書見せます

話題のキャンペーンのはじまりは
この1枚の企画書だった。
実際のキャンペーンで採用された企画書を公開し、
制作したクリエイターにそのポイントを聞く。

01

!!!

企画書はロジックと汗で書く

「とどけ、熱量。」篇

大塚製薬 カロリーメイト

受験を控えた学生を応援するように、女優の満島ひかりさんが「ファイト！」を熱唱する、「カロリーメイト」のテレビCM。目的に向けて戦うすべての人の、心に深く届く情景を導いたのは、1本のコピーと、1枚のビジュアル。正統派テレビCMの企画書を紹介する。

「リズム」が示すアイデアの強さ

勝つか負けるか、わからない戦いに挑む。もちろん勝ちたいけれど、その過程には、さまざまな迷いがあり、つい足を止めたくなることもある…。大塚製薬「カロリーメイト」のテレビCM「とどけ、熱量。」篇は、受験に挑む1人の男子学生の姿と、女優の満島ひかりさんが歌う「ファイト！」（中島みゆき）を通じ、誰もが一度は抱いたことがあるはずの、奮起の感情を呼び起こした。2012年11月からのオンエアながら、インターネットでは翌年6月になっても、「励みになる」「見ると頑張れる」といったコメントが寄せられ続けている。

同CMのオリエンテーションで提示されたテーマは「栄養バランスと集中力」だった。大塚製薬の広告は、実験データや事実に基づいたテーマを取り上げることが多い。「背後にあったメッセージは、栄養バランスのとれた食事は、脳を活発にするということでした。ただ薬事法上、広告でストレートには伝えられないので、そのための表現が求められました」と博報堂（現catch）のシニア・クリエイティブディレクターの福部明浩さんは振り返る。

01 テレビCM「とどけ、熱量。」篇
「ファイト！」は、福部明浩さんのチームが夜遅くまで作業し、疲れきった頃に聞いて癒されていた歌。当時、「いつか、この歌でCMつくりたいね！」と話していたことが、今回、実現に至った。

福部さんが提出したのは4案。オリエンに素直に答えた案を3案、今回のCM案は最後の「D案」だった。「D案はオリエンに対して、ダイレクトな案ではなかったので、提案するか、やや迷いました。それでも、見た人の心が熱くなる、熱量のあるCMをつくりたいと思って」。

企画書で重要視しているのは「リズム」。「良いアイデアの場合は、企画書を書くのも簡単で、リズムがいい。逆に、もたつくときは、アイデアの力が弱いか、話の展開に滞りがある。そうした案は、書いている途中で削ることもあります」。

発表では、相手が、どのページを読んでいるかを見ながら、話を進めていく。提案

▶ 論の流れはシンプルに。理屈っぽくしない

D 案
受験生と、
かつて受験生だった
すべての人の心を熱くする
熱量のある CM を！
BALANCED FOOD
CalorieMate
BLOCK
熱量のある
歌
×
熱量のある
人
という掛け算を考えました。
ファイト！ 中島みゆき
(1983)
♪勝つか負けるかそれは分からない。
それでもとにかく闘いの出場通知を抱きしめて
あいつは海になりました。
ファイト！
闘うキミの唄を闘わない奴らが笑うだろう。
ファイト！
冷たい水の中をふるえながらのぼってゆけ。
×
満島 ひかり
(みつしま ひかり)
沖縄アフタースクールのオーディション大会で優勝後、「Folder5」の一員として歌手活動・女優業に専念。歌唱力にも定評がある。「Folder5」活動休止後は、悪役から脇役、感情を爆発させる不良少女から平凡なOLまで幅広くこなす個性派女優として一気に頭角を現すようになる。代表作は、主演をつとめた映画『川の底からこんにちは』、ドラマ『モテキ』など。『川の底からこんにちは』では、ヨコハマ映画祭主演女優賞を獲得。

02

先が理解するリズムに合わせてプレゼンするのだ。そのためには内容を完璧に把握している必要がある。だから「プレゼンテーターである自分が資料を作らないと意味がない」と言う。論の流れはシンプルに、理屈っぽくならないよう。ページの構成も前段を短く、テンポよく話せるように。

「ほかの人のプレゼンを見て、フムフムと思ったことを取り入れます。あとはやっぱり、プレゼンがうまくいかず、何度も冷や汗をかいた経験が糧になっている。次第に、いまのようなスタイルになっていきました。まだモヤモヤしている部分もあるので、チューニングは重ねていきたいです」。

ロジックだけでは企画は半分

企画を立てていく上で、福部さんが欠かさない視点は3つ。「その企業の哲学に沿うこと」「生活や仕事をする中での気づきを大切にすること」「世の中と同じくらい、疲れたり、不安になったり、汗をかくこと」だ。今回の提案でも、大塚製薬の企業哲学を知っていたことに助けられた。「極端な話、大塚製薬は『カロリーメイト』は世の中からなくなっていいと考えているそうです」。

カロリーメイトは、朝食をとる時間がない人のために作られた。しかし、本来は食事を抜く人がいないことが理想。だから、誰もが朝食をとり、カロリーメイトが必要のない世の中が理想なのだ。これは製薬会社としての矜持でもある。薬が必要のない世の中、病気で困る人がいない世の中が理想。根っこの哲学は、同じなのだ。

「その企業の価値観をきちんと把握していると、企画の方向性が正確に判断できます。簡単に言えば『こんな広告をするはずがないな』とわかるということです」。

いち個人として生きていく上で気づいたこともおろそかにはできない。コンセプトの鍵となっている「熱量」という言葉も、福部さんの気づきが発端。「これだけ『カロリーゼロ』がもてはやされている世の中で、『カロリー』を冠するのは異端だなぁと前から思っていて。そこから『カロリー＝熱量』をヒーローに、商品名を主役にしたい、という企画につながりました」。

ここまでは理屈でたどり着く企画の五合目。「ここから先は、汗をかくしかなくて、世の中と同じくらい動くしかない」。「見た人の心が熱くなる、熱量のあるCM」という頂上は見えていたが、途中の道筋は霧に覆われていた。

それでも福部さんは必ずCMの企画も自分で考える。最善策が見つかるか、不安ではあるが、一方で、アイデアを得たときの嬉しさ、楽しさがあるからだ。

道筋を照らしたのは中島みゆきさんの「ファイト！」だった。「運が良かったのは、中島みゆきさんの『ファイト！』が僕らの中でも大きな存在だったことです。何日も

▶ バックショットが決め手になったCMコンテ

CalorieMate
D案「その熱量に」篇
勝つか　負けるか
それは分からない。
それでも　とにかく
闘いの　出場通知を
抱きしめて
あいつは
海になりました。
闘うキミの唄を
闘わない奴らが
笑うだろう。
ファイト
冷たい水の中を
ふるえながら
のぼってゆけ。
ファイト！
その熱量に、カロリーメイト。
バランス栄養食
CalorieMate

03

▶ キャッチフレーズは異例の再提案

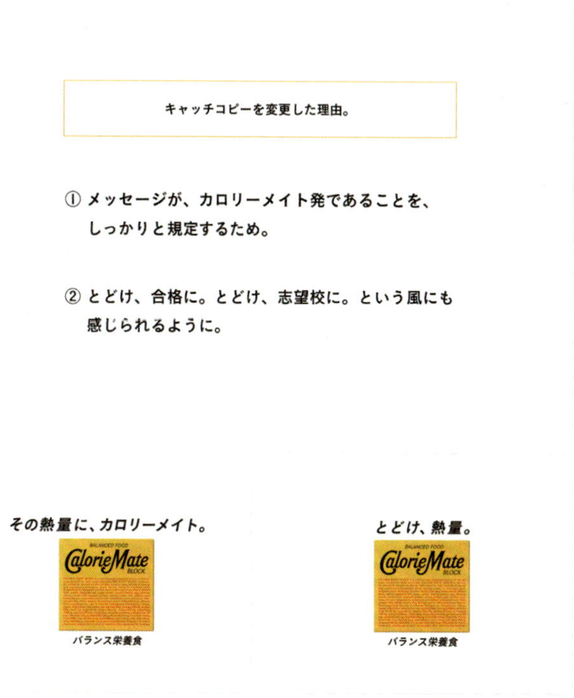
キャッチコピーを変更した理由。
① メッセージが、カロリーメイト発であることを、
しっかりと規定するため。
② とどけ、合格に。とどけ、志望校に。という風にも
感じられるように。
その熱量に、カロリーメイト。
CalorieMate
バランス栄養食
とどけ、熱量。
CalorieMate
バランス栄養食

04

続けて夜遅くまで働いているときに皆で聞いて、救われていた。僕らには、受験生並に不安で疲れて、そして励ましてほしいという実感がありました。それを再発見して。『ファイト！』が、ゴールイメージの像を結んでくれた感覚ですね」。

出演者の人選も方針は「熱量」。個性派女優として多くの支持を集める満島ひかりさんを選んだ。ただ、企画を言葉で説明すると、「満島ひかりが受験生のために中島みゆきの『ファイト！』を歌うCM」となり、聞く人それぞれで思い浮かべる情景が異なってしまうかもしれない。

そこで、ビデオコンテを用意した。決め手は1カット目のバックショット。このバックショットは演出でも取り入れられ、完成版には同様の構図で約1秒間、挿入されている。「普段からCMコンテの作業をアートディレクターと共に進めることが多くて、今回もADの榎本卓朗さんが、『このバックショットがイイ』と言って。CDとしては、コピーもビジュアルも一人で両方を判断できるのがいいのかもしれませんが、僕はADと掛け合いながら進めるほうが好きですね」。

現行のコピー「とどけ、熱量。」も、福部さんが再提案するためにいくつか書き連ねたものの中から、榎本さんが「コレがいいんじゃない？」と選んだもの。最終的なビジュアルも考えて、「届け」をひらがなにしたのも榎本さんのアイデアだ。

企画の歯車が噛み合ったのは「たまたま」と笑う福部さんだが、そこにはもっと先に進みたいという意志が見え隠れする。自分の方法論を完成させてしまうとその後がない。しかし“未完成”だととらえれば、いくらでも改善できる。アイデアがクライアントに届き、その先の消費者に届くために最も大切なのは、迷いがあったとしても、先に進める自分を想像できることなのだ。

福部明浩
博報堂（現catch）シニアクリエイティブディレクター

02「とどけ、熱量。」企画書
福部明浩さんの印象に残っている企画書やプレゼンテーションについてのアドバイスは、「エレベーターに乗っている間、ちょっと見せるだけで判断できるように」「電話で話しても伝わるようなアイデア」というもの。宮崎晋さん（現・博報堂 顧問兼チーフクリエイティブオフィサー）の言葉だ。

03 CMコンテ
ビデオコンテでは、1コマ目の雲が流れる速度と、画面を引く速度をずらして奥行きを表現。「これでかなり、グッとくる画になりました。永井聡監督や制作スタッフとも同じ情景が描けたと思います」（福部明浩さん）。

04 キャッチフレーズの再提案書
コピーを自主的に再提案。「誰から誰に対しての言葉かが、ややあいまいだったので、カロリーメイト発のコピーにしたかったんです。『届け』の言葉が浮かんで、すぐ『iPad』にメモしました」（福部明浩さん）

○企画制作／博報堂＋AOI Pro.○CD＋C＋企画／福部明浩○AD＋企画／榎本卓朗○企画／新沢崇幸○企画＋D／山崎南海子○D／キャベツデザイン○撮影／市橋織江（CM）、瀧本幹也（グラフィック）○演出／永井聡○PR／山田博之、芝村至○音楽／メロディー・パンチ○出演／満島ひかり

!!!

その企画書はワクワク感を伝えられるか

JR九州
九州新幹線全線開業テレビCM

沿線に集まった人たちが新幹線に向かって手を振り、鹿児島から博多までウェーブを作る九州新幹線全線開業告知のテレビCM。3月12日のオンエア前日に震災が起こり、放映回数は少なかったにもかかわらず、ネット上で一気に広まり、多くの人の感動を呼んだ。九州全土をひとつにつなぐこの壮大なCMは、どんな企画書からスタートしたのか。

▶ 参加型企画のアイデアは当初から

2010年3月の時点で正親さんが制作した社内向け企画資料。7色のロゴや参加型の企画というアイデアは既に生まれている。この時点では、各駅対抗企画のアイデアや、切符のデザインなどの提案も含まれていた。

待ち望まれた新幹線開業

九州新幹線の全線開通は、九州に住む人々にとって長い間の悲願だった。1972年の基本計画策定から実に40年、91年の本格着工から20年。そのため開通キャンペーンの競合プレゼンに参加するにあたり、電通九州の担当者から伝えられたのは「100年に一度の企画と思って考えてほしい」という言葉だった。

クライアントであるJR九州から望まれていたのは、九州全土で実施する開業告知キャンペーンと、この先2年間を見越したコミュニケーション計画を立案すること。九州をひとつにつなぐ新幹線を、より多くの九州の人たちに利用してほしい。そのため、始発駅の博多と終着駅の鹿児島だけでなく、九州全土を盛り上げるような施策が求められていた。

この話を受け、電通 アートディレクターの正親篤さんが構想段階で作ったのが、ビジュアルを中心に据えたラフイメージ(01)。競合プレゼンに参加する前段階の、社内説明用に作られた資料だが、この時点で九州7県を7色の虹に見立てたブランドロゴのアイデアや、九州県民が出演して歌って踊る参加型CM企画など、完成形の開業告知CMにつながる、明るくポジティブなトーンのアイデアがほぼ出揃っていたことがわかる。

参加型の企画にした理由を正親さんは「新幹線開業の目的と手段ということをまず考えました。新幹線はあくまで手段、目的はそれによって九州の人たちが幸せになることにある。であれば、新幹線という乗り物自体ではなく、目的である九州の人たちが主役になるのがいいと思ったんです」と話す。ヒントとなったのは、カラフルな機体とチャーミングな制服のデザインで知られる某航空会社のキャンペーン。また、1968年のロバート・ケネディ大統領暗殺時に遺体を運ぶ列車の中から沿道に集まった人々を撮影した写真集からもインスピレーションを得た。「その写真集の真逆の、皆が沿道で祝福する様子を撮ったCMが作れたらと考えていたんです」と正親さんは当時を振り返る。

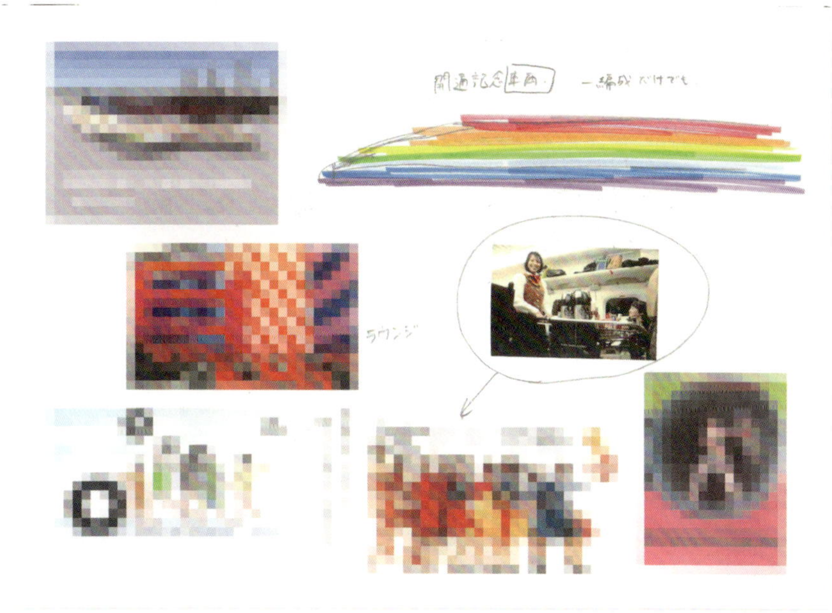

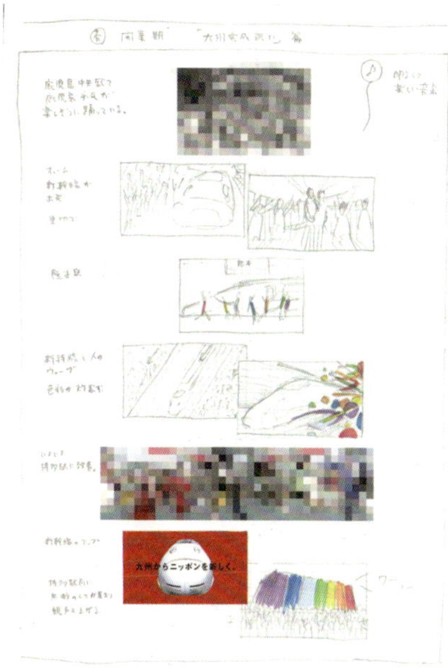

※都合により、シートの一部にボカシを入れています。

100年に一度の伝説をつくれ

そして、4月の競合プレゼン。九州の人の参加性を前面に押し出す「九州の人がみんなで作るお祭り」という大きな構想はそのままに、コピー案は「九州からニッポンを楽しくする。」と「九州をひとつにする。」の2方向とした。特別走行車に合わせて沿道でウェーブをするCMは開業前に、開業後はダンスのCMに切り替える計画だった。

競合の結果、電通は開業前のキャンペーンに絞って担当することが決定。7月に再びプレゼンを行うことになった。予算の変更に伴い、ここで「ダンス」案か「ウェーブ」案かのいずれかを選択する必要が生じる。「ダンスの方を“祝祭性”を重視したA案、ウェーブの方を“参加性”を重視したB案として提案しました」と正親さん。A案はプロやセミプロのダンサーを使うので、ある程度計算が立ち、リスクの回避ができる。一方、B案は誰でも参加でき、九州の人たちを主役にしたいという原点にも忠実だ。ニュースバリューも大きく、話題の広がりが期待できる一方で、不確定要素も多い点が懸念となっていた。

いずれの案を選ぶべきか。正親さんらの背中を後押ししたのは、クライアントの担当者の「ワクワクしますね！」の一言だった。「リスクの想定される案にもかかわらず、ウェーブの案の方を気に入ってくれて。『要するに、伝説を作るんですよね？』と言わ

▶「みんなで作るお祭り」がテーマ

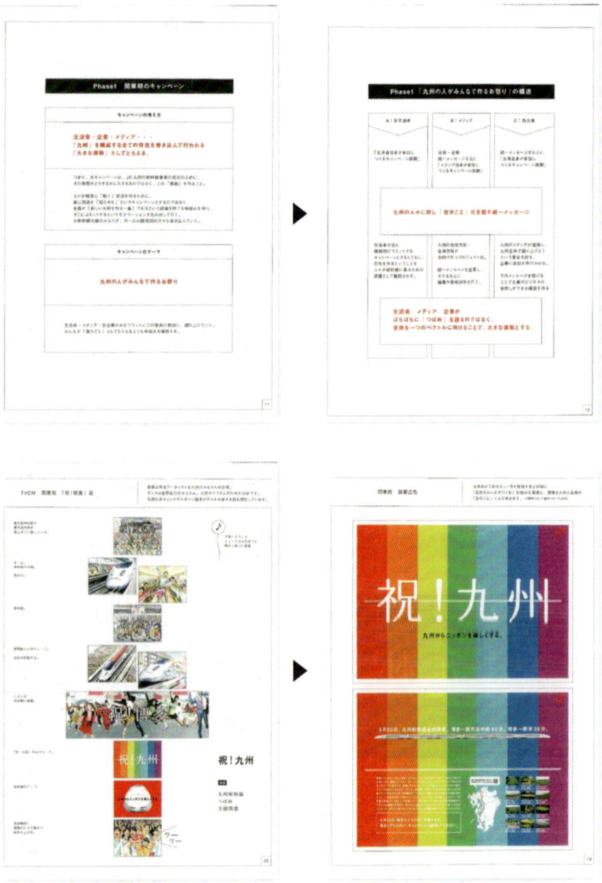

2010年4月の競合プレゼン時の資料。「九州の人がみんなで作るお祭り」というキャンペーンテーマが示された。この時点では、コンテはまだ「ダンス」案になっている。

▶ ダンスとウェーブの2案に絞りこむ

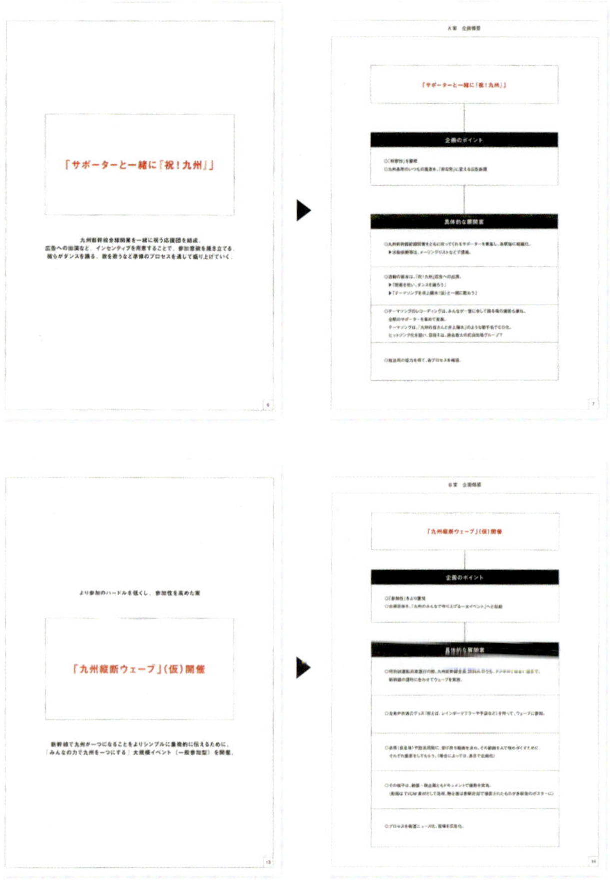

続けて7月に行った開業前のキャンペーンのためのプレゼンでは、サポーターと共にダンスをするA案と、誰でも参加できる九州縦断ウェーブを行うB案の2つが示された。

れたときは、うれしかったですね」。

その後は、実現に向けて現実的な調整を重ねていった。クライアント側はCM撮影の重要なファクターを担う特別走行車の運行に向けて、社内の各部署と検討、調整を重ねていった。電通側は、参加者を募集するティザーCMの制作や、九州中のイベント会社に声をかけ、撮影当日の段取りをつけていった。

参加者の熱意がCMを完成させた

このキャンペーンでは、チームでブレストした内容を、プランナーの樋口景一さんが文章にまとめ、競合プレゼン以降、企画書の前段として文章化している。それを正親さんが後半の表現面も含めてデザインした。チーム内でしっかり情報が共有できていたので、プレゼン自体は誰が行っても全く問題ない状況だった。正親さんは「企画書を作りこむことに、そこまで手間はかけません。企画書を作ることが仕事ではなく、いいアイデアを考えるのが仕事だから。どうしたら人がワクワクするか、時間をかけて考えて、企画書はそれがわかりやすく紙に落とし込まれていればいいと思います」と話す。

同じチームで企画を担当した電通 コミュニケーション・デザイン・センターの東畑幸多さんも「アイデアが立っていることが大前提」という。「面白いことを考えて、つまらなくしゃべる方が難しい。そもそも、細かく補足しなくても相手にわかるアイデアを考えることが大事な気がします」。

伝えたいのは、企画の持つワクワク感。例えば、洋服を買いに行って、数千円のモノを買う予定だったのに、数万円するジャケットがどうしても欲しくなって思わず買ってしまった。そんな衝動買いのような、想定外の高揚感が得られるプレゼンが理想的という。今回、東畑さんは競合プレゼン用のビデオコンテも作っている。「やっぱり、音楽があって映像があった方がワクワクしますから。本編への期待を膨らませる、映画の予告編のようなものです」。

クライアントとワクワク感は共有できた後の課題は、どれだけ参加者が集まるかだった。だがそれも杞憂に終わった。「あらかじめ指定した14会場で1万人は確実に集めていたのですが、当日参加の人がどれだけいるか、最後までわからなかったんです。しかし、フタを開けてみたら予想の数倍の人が集まってくれた。事前にスタッフがお願いに行ったときに『忙しいからやらないよ』と言っていた建築機器レンタル会

▶ ウェーブ案のコンテが完成

採用されたB案のテレビCMコンテ。それまでに出していた複数のCM案の要素が取り入れられている。

社の人たちが、実は横断幕を作って参加してくれていたり。ロケハンであの屋根の上に登ってくれたら最高だよね、と冗談半分で話していた場所に本当に人が登っていたり。このCMは、当日参加してくれた人たちの、予想外のパワーでできあがっています。そういう意味では、完全に我々は負けてます」と正親さん。

東畑さんも「自分たちだけの企画では出せないパフォーマンスが出せました。当日僕は特別走行列車に乗って車内から集まった人たちを見ていたんですが、普通に生活していたらまず出会えない光景に遭遇できて、この仕事をしていてよかったと心底思いました」と話す。

参加者たちはおのおの、手製のボードや衣装を持って撮影に臨み、電車が通過した後はハイタッチや万歳三唱をして満足そうに帰っていった。キャンペーンの起点となった企画書のワクワク感は、クライアントだけでなく、最終的には九州の参加者たちへ、さらにそのCMを見た全国の人へと伝わり、それぞれの心の温度を少しずつ上げていった。

▶ TVCM

○企画制作／電通＋電通九州＋エンジンフィルム＋ティーアンドイー○ CD ／古川裕也○企画＋ AD ／正親篤○ C ／磯島拓矢、上田浩和○企画／東畑幸多、有元沙矢香○ AD ／間野麗○演出／田中嗣久○ストラテジスト＋キャンペーン企画／樋口景一○ Web 企画／清野信哉○ WebPR ／関本美代○ AgPR ／池内光、設樂麻里子○ AE ／野上貴史○イベント企画／三浦僚○ PR ／野上信子、田中洋平、白石統人○ PM ／川上理

電通 第3クリエーティブ局 アートディレクター　正親篤さん（左）、電通 コミュニケーション・デザイン・センター CMプランナー／コピーライター　東畑幸多さん（右）。

!!!

思考プロセスを追体験できる企画書

東洋水産
「マルちゃん正麺」

2011年末に発売され、
ヒット中の東洋水産「マルちゃん正麺」。
要因は、味、ネーミング、パッケージ、CMと
4拍子揃ったバランスの良さ。
その起点となった企画書からは、
企業や商品について、
丁寧に考えた思考の跡が伝わってくる。

▶ネーミングに至る思考の流れを見せる

①
「すごい！」「うまい！」と力んだだけでは「差別化」にならない。

新商品の「即席麺として画期的なうまさ」は確かに特筆モノ。
ただ、世の中には「うまさ（特に麺のスゴさ）を誇る」系のネーミングは
既にあふれており、「どうだうまいだろう！」の自信満々のネーミングが
そのままユーザーの気持ちに届くわけではない。
「すごい＋チャーミング」「すごい＋ちょっとしたユーモア」
「すごい＋キャラクター性」…といった工夫が必要。

②
「定番化」のためには、メインストリーム商品らしい名前を。

「味がおいしすぎる」商品が、一時的に売れても飽きられやすいことが
あるのと同様に、「刺激的すぎる」名前、「新しすぎる」名前も、最初の
つかみはあっても定番化していきにくい。
とくにターゲットが主婦層であることを考えると、ある種の「安心感」
「王道感」はネーミングにおいて大切。
「サッポロ一番」「チャルメラ」etcの横においたとき、「別ジャンル・
別価格」の商品に見えるのでなく、「同ジャンル・同価格だがずっとうま
い」商品に見えるよう心がけていこう。

01

新定番にふさわしいネーミングは何か

東洋水産の「マルちゃん正麺《せいめん》」は、2011年11月の発売以来3カ月で、売上げ42億円、シェア19.1％という予想を大きく上回る数字を記録した。乾燥麺でありながら生麺のような本格的な食感が特徴の袋麺だ。

袋麺市場は、「サッポロ一番」や「チャルメラ」など、何十年も前から存在するロングセラーブランドがいまも売れ続けている。主婦がスーパーで購入する商品であることから、“家族が喜ぶいつもの定番商品”を買う傾向が強く、新たなブランドへの冒険をしないのだ。

そこに、“美味しさ”というど真ん中の価値で勝負を挑んだのがこの商品だ。新たな定番商品を、このジャンルで生み出すという目標に向け、東洋水産では精力的な商品開発を進めた。その結果、インスタントラーメンにもかかわらず、生麺の美味しさが味わえるハイレベルな商品が完成した。画期的なこの商品にふさわしいネーミングとパッケージ、そして広告展開を考えてほしいとオーダーを受けたクリエイティブディレクターの福里真一さんは、まずネーミングをコピーライターの谷山雅計さんに依頼した。「『ガス・パッ・チョ！』『Yonda？』など、一度聞いたら忘れられないキャッチーな言葉を作ってきた谷山さんなら、きっといいネーミングを考えてくれる」と確信してのことだった。

“画期的な商品”だけに、普通ならそのすごさを大げさに伝えるようなネーミングを考えてしまいがちだ。しかし、2人の意見は、最初から「『マルちゃん』にこだわるべきだ」で一致していたという。

「『マルちゃん』は誰もが知っているメジャーなブランドです。保守的なジャンルだからこそ、新しい言葉を開発するよりも、なじみ深くて定番感のある言葉が強いはず。その上で、キャッチーな言葉で新商品の“ちょっと新しい”感じを出したい。この商品に『マルちゃん』という言葉を使うことは、マルちゃんブランド全体の財産にもなるはずと考えました」と谷山さんは話す。福里さんも「そもそも『マルちゃん』に美味しそうな響きがある。その魅力にクライアントの担当者にも気づいてもらいたかった」と言う。

「製麺」と「正しい麺」を掛けた「正麺」は、「製麺所が流行っている」という世の

③

「差別化」「定番化」「本気感」のために。「マルちゃん」のブランド名を積極的にいかしたい。

「東洋水産＝マルちゃん」のシンボル性、キャラクター性はやはり強い財産。他社ブランドの中に埋もれない固有な顔つきをつくるためにも、その知名度を上手にいかしていきたい。
また、この新商品は「東洋水産がかつてない本気度でまったく新しい商品開発に挑んだもの」なのだ！という意気ごみも、「マルちゃん」を堂々とネーミングに冠することで表現することができると思う。

01,02 谷山雅計さんが制作したネーミングのプレゼンのための企画書。文字だけのシンプルな構成だが、読みやすくわかりやすく、企画のできる過程がすっと頭に入ってくる。実際のプレゼンでは、この企画書に続いて他のネーミング案も示されたが、結果的に最初の「マルちゃん正麺」に決まった。

マルちゃん
正《せい》麺《めん》

02

中の流れがヒントになった。そこに「これぞ正しい理想の麺」という同社の意気込みを盛り込んで「マルちゃん正麺」とした。

エッジの立ちすぎたネーミングでは、一瞬のブームで終わってしまう。商品サイクルの早いカップ麺と異なり、袋麺は10年、20年というスパンで売ることを考える商品。それにふさわしいネーミングであるべきだ。「スーパーの袋麺の棚に並んだとき、突飛さや高級感で目立つよりも、他の商品と同ジャンル・同価格なのに“飛びぬけてうまい新定番”であると認識してもらいたいと思いました。『マルちゃんの、なんか美味しいヤツ』と覚えてもらえれば、それこそ定番」と谷山さんは考えていた。

パッケージデザインは、アートディレクターの秋山具義さんにお願いした。「メジャー感のあるデザインが得意な人にお願いしたいと思いました。何より、ラーメン好きの秋山さんは今回の案件にはぴったり」と福里さん。その期待通り、真俯瞰のアングルで撮影した丼をパッケージの中心に配置する、王道感を持ったデザインが提案された。

3枚のシンプルな企画書で伝える

初回のプレゼン時には、福里さんがまず各スタッフ（谷山さん、秋山さん、福里さん自身）のプロフィールを紹介し、続けて谷山さんがネーミングを、秋山さんがパッケージデザインの説明をした。「最初にスタッフを紹介することは意外と大切なんです」と福里さんは言う。「これは、一緒に仕事をすることが多い佐々木宏さんのやり方の影響なのですが、ああ見えて、佐々木さんはものすごく丁寧にスタッフを紹介するんです。これまでどういう仕事をしてきた人が企画をしたのか、人をプレゼンすることで、クライアントも信頼して聞くことができます」。

最初に谷山さんが出したのは、ネーミングに至る思考プロセスを形にした3枚の企画書。難しいフレームワークも図もない。文字だけのシンプルな構成だ。しかし読みやすくわかりやすく、企画のできる過程がすっと頭に入ってくる。「プレゼンは、いい企画をつくることが大前提。そのプロセスを、素直に、だますことなく、考えた順序で書けば企画書はできあがる」というのが谷山さんの持論だ。プレゼンでは企画書に沿って、このネーミングにたどりついた思考のプロセスを順に説明すればよい。

プレゼンを聞いた直後のクライアントの反応はさまざまだった。麺のすごさを端的に表現するネーミングを求める意見や、長年使ってきた「マルちゃん」を新商品のネーミングに使うことに違和感があるという意見もあった。実は、スライドの1枚目に入っている「『すごい！』『うまい！』と力んだだけでは『差別化』にならない」という文言は、こうした反応もあらかじめ見越して入れられたもの。他のネーミングもいくつか提案したものの、最終的には最初の「マルちゃん正麺」に決まった。

「新商品が本当に売れるかどうか、クライアントは常に不安を持っています。その上、クリエイターが企業や商品を真摯に考えてくれる人たちでなかったら？という心配も抱えている。僕たちはそれを払拭し、『CMで一発当ててやろう』とか『面白いことをやってやろう』と考えているだけの人間ではないと、プレゼンでは伝えないといけない。そのためにも、思考のプロセスを見せることが大事です」と谷山さん。その姿勢がクライアントの迷いを取り去り、決断を後押しした。

商品を中心に置いたCM企画

ネーミングとパッケージのプレゼンを経て、2回目はCMのプレゼンが行われた。CMを考えるにあたり、福里さんは「とにかく食べてみようと思ってもらうこと、そして、生まれながらの定番感を見る人に伝えようと考えた」という。そこから「マルちゃん正麺の約束」という企画が生まれた。

「新商品とはつまり、すべての人が初めてのお客さまということです。だから、買ったら何が起こるかを『約束』として見せることで、『それ、ほんと？』『じゃあ、買ってみよう』と思ってもらえるシチュエーションを設定しました」と福里さんは話す。提案した「約束」は、「『うまい』を3回は、言ってしまう」「急な来客にも、マルちゃん正麺」「思わず、お礼を言いたくなる」など全部で5種類。「約束」は、まじめすぎず、ちょっとしたユーモアを交えることで、CMとしての面白さを出した。

キャスティングは本格派俳優の役所広司さんを起用した。福里さんは「イメージしたのは、緒方拳さんが出演していた90年代のキリン一番搾りのCMです。新しい製法の商品に、信頼できる俳優が向き合うことで、商品を試したい気持ちをつくりたいと考えました」と話す。

背景には余計なセットは置かず、主役の商品と出演者を引き立てた。演出上では、役所さんにいかに美味しそうに食べてもらうかが最大のポイントとなった。定番化を狙う商品にふさわしく、CMも商品を堂々と真ん中に置いた企画となっている。

03　パッケージデザインに関する企画書は、秋山具義さんによるもの。ネーミングと同じ考え方を、デザインに落としこんでいる。
04　パッケージのラフ案。真俯瞰のアングルで撮影した丼をパッケージの中心に配置。
05　CM案は2回目のプレゼンで。このパートは、福里真一さんが担当した。商品を食べると起きる「約束」を、ユーモラスに見せるシリーズ。定番化を狙う商品にふさわしく、CMも商品を中心に据えた企画に。

▶デザインもネーミングの考え方を踏襲

【全体のデザインの考え方】
既存の商品と差別化しつつ、新しさを感じるシンプルなデザインであること。
インパクトが強すぎたり奇抜すぎると飽きられるのが早くなる。

【ロゴ・フォントの考え方】
読みやすく、正々堂々としていて古さを感じないデザインであること。
ネーミングに「マルちゃん」がつく場合は、そのロゴと違和感なくマッチングするように。

【カラーリングの考え方】
味＝カラー（しょうゆ味＝赤／みそ味＝オレンジ／とんこつ味＝緑）に分類し、
店頭で瞬時に味を見分けられるカラーであること。
他社の袋麺よりも少しリッチ感を出したい場合は「金」を使い、際立たせる。

【シズルの考え方】
「麺」が主役になるように設計し、この商品の売り（＝麺のすごさ）がわかりやすいシズルであること。
遠近法を使ったり、真俯瞰にするなど「麺」を記号化して、他社商品と差別化する。

【製法名の考え方】
画期的で、今までになかった新しい製法であることがわかりやすく伝わるアイコンであること。
ネーミングのロゴとはフォントのイメージを変え、存在感を出す。

03

17

17

04

▶CMも商品を堂々と真ん中に

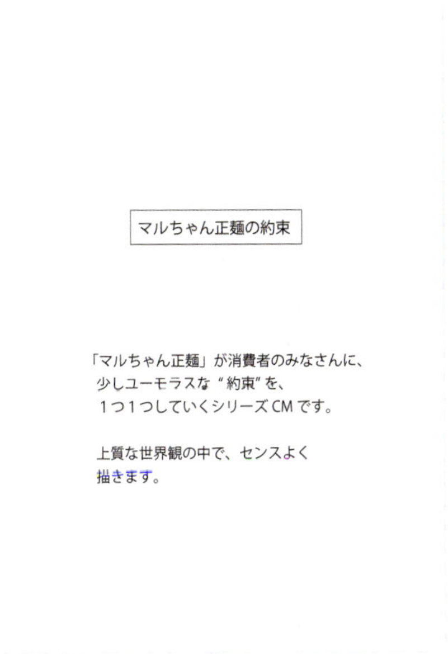

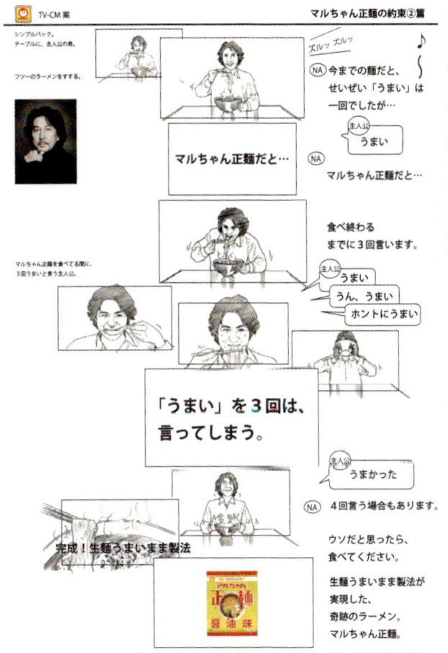

▶パッケージ

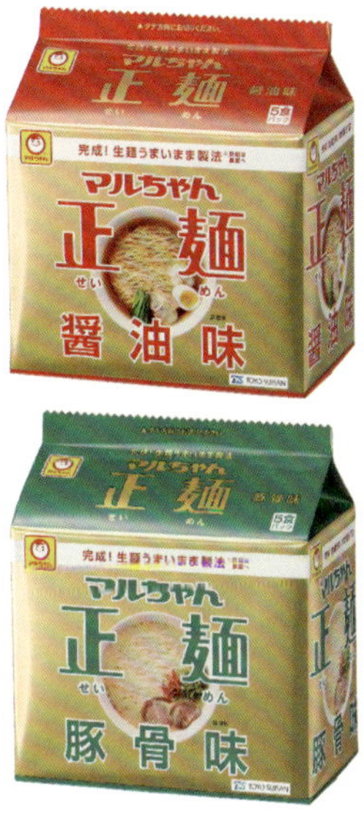

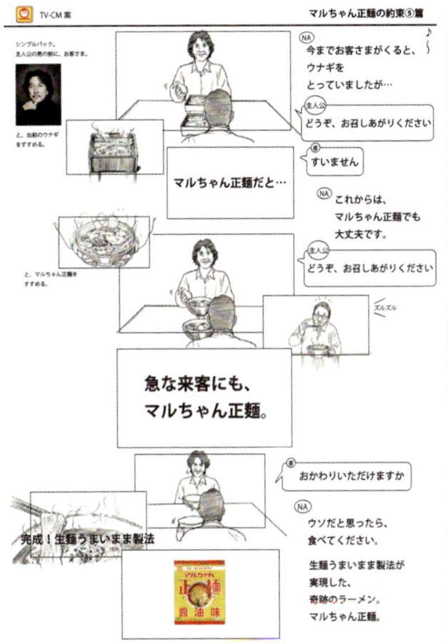

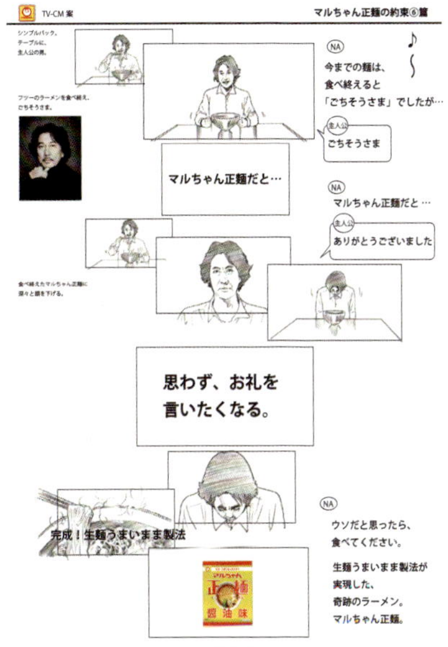

▶テレビCM

思考の流れを丁寧に見せる

「製品のことを真剣に考えていると伝えるのが、プレゼンでは大事。面白い企画でも、面白おかしく話す必要はない」（福里さん）、「しゃべりのうまい下手は関係ない。企画の中身が良ければ伝わるし、プレゼンだけうまいと逆に“ウソっぽさ”が出てきてしまうこともある」（谷山さん）。こうしたプレゼン観ができるまでに、2人にはそれぞれ影響を受けた人物がいる。

福里さんが影響を受けたのは、元・電通の先輩であるCMプランナーの佐藤雅彦さん。「理路整然と思考のプロセスを述べ、頭の中の動きをきちんと説明するプレゼン」だという。一方、谷山さんが影響を受けたのは、元・博報堂の先輩であるクリエイティブディレクターの大貫卓也さん。「目的を達成するために、緻密なロジックをつくる人」だと振り返る。いずれも、商品から表現につながるまでの思考の流れを丁寧に見せていく点が共通している。

タイプは違えど、企業と商品に真摯に向き合う共通した姿勢を持つ2人。だからこそ、クライアントの信頼をつかむのだろう。

（左）谷山雅計（たにやま・まさかず）
谷山広告 コピーライター
（右）福里真一（ふくさと・しんいち）
ワンスカイ CM プランナー／コピーライター

○企画制作／電通＋ワンスカイ＋谷山広告＋デイリーフレッシュ＋ビービーメディア○ CD ＋企画 ／福里真一○C／谷山雅計、伊坂真貴子○ AD ／秋山
太○ PR ／沖山恵太郎○ PM ／小宮妙
○撮影／米田要○出演／役所広司、藤
緒口幸信

企画書でも大事なのは相手が考える「間」

「健康元年キャンペーン」

はなまるうどん

「ダイオウイカ」を題材にしたエイプリルフール企画など、人々を巻き込む複数のコンテンツを束ねた讃岐うどんチェーン「はなまるうどん」の2013年春のキャンペーン。話題化から集客を10%超高めたプロモーションの企画書を公開する。

消費者のヨコのつながりで話題を加速

100万人にメッセージを伝えるには、彼らに「伝わる」ためのアイデアが必要——では、「伝わる」とは何だろうか？

それは説明しなくても相手がメッセージを理解するということ。理解の前後には「？」と「！」が生まれる。その瞬間が「間」。この「間」を与え、考えやすいよう「？」から「！」へシフトさせるのが「伝わる」アイデアだ。当然、企画書でも、こうした考え方は有効だ。

セルフサービス式の讃岐うどんチェーン「はなまるうどん」を展開するはなまるが、2013年春に実施したキャンペーンは、この「伝わる」アイデアを複数用意、Webや街頭を起点に、テレビでも取り上げられた好例だ。「健康保険証割引」「レタスまるごと1個配布」「ダイオウイカ天」の3施策合わせて、メディア費用換算で約2億4660万円に上る露出効果を得た。

企画書冒頭には——ニュースになるのは「はなまるで健康保険証」。「はなまるが健康になった」ではない。——と、大きく記されている。「はなまるうどんは健康的」という「伝えたいこと」は、世の中の関心事ではない。だからこそ、「伝わる」ようにするアイデアが必要なのだ。

春のキャンペーン実施は、夏はさっぱり、冬は温かい、と、うどんが食べたくなる季節に比べ、春はやや足が遠のくことから。「健康保険証」を題材にしたのは、入社や部署異動などで「健康保険証」を手に入れたり、更新したりする季節のためだ。対象メニューは野菜をふんだんに盛り込んだ「コクうまサラダうどん」。「体に良さそうなメニュー」が「保険証」を見せると安くなる。つまり「はなまるは健康にいい」という図式。4月1日のスタート初日から来店客数は120%超をマークした。

さらに、「話題加速化施策」として「レタス1個まるごと配布」を実施。はなまるが開発したレタス1個分の食物繊維を含む「はなまる食物繊維麺」を、「レタスをそのまま配る」意外性で広める狙いだ。

「見たことないって、面白い。面白いものには、世の中の興味をひく力がある。思いついた考えがアイデアかどうかは、伝えたいことに人々の注目を集められるかどうかで判断できます」と、エグゼクティブ・クリエイティブディレクターを務めたPOOLの小西利行さんは言う。

さらに「健康意識のさほど高くない層」をも巻き込み、エイプリルフールを機に話題を広めることを目指したのが「ダイオウイカ天」。発端は、ダイオウイカの生態を

▶ 複数コンテンツで伝える1つのメッセージ

01

▶「見たことがない」から価値がある

話題加速化施策　レタスまるごとサンプリング

レタス１個　まるごとサンプリング

▼

02

01「健康保険証で、うどんが割引。」
最終的に「はなまるが健康になった」という印象を残すメインエンジン。
02「レタスまるごと1個配布」
企画書でもレタスの写真を大きく掲載。商品を熟知する広告主なら、「なぜレタス１個？」→「食物繊維麺か！」と理解が進む。JR新宿駅で実施し、用意した870個が瞬く間になくなり、慌てて追加する一幕も。
03「ダイオウイカ天」紹介サイト
巨大すぎて全体像がつかみづらい「実物大ダイオウイカ鮮度ビューワ」や、「いいね！」ならぬ「イカス！」ボタンなど小ネタ満載。

▶ 世の中の興味とメッセージの交点

エイプリルフールの役割　1

はなまるうどんの健康宣言及び、保険証割キャンペーンの一貫として、

認知　エイプリルフールに、つい笑ってしまうウソネタで、
アクセス数のあるまとめサイトやブログに掲載してもらい、サイトへ誘引。

理解　さらにサイトに来訪したひとに、
「はなまる＝健康」を理解し、来店きっかけである「保険証割」を知っていただく。

※実際に行なっている「健康宣言」、「はなまる食物繊維麺」、「保険証割」が、ウソ（小さく）に見えないように注意する。

企画案１）ダイオウイカ天　2

はなまるうどん健康宣言

タウリン500万mg。栄養満点

まるごと「ダイオウイカ天」新発売！

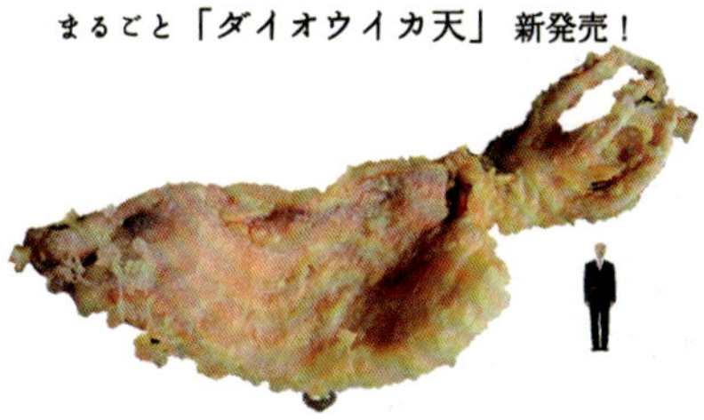

▼

03

取材し高視聴率を挙げたNHKの番組。世の中の興味が集中した素材を生かす企画だ。
　しかし、はなまる側は難色を示す。グロテスクなダイオウイカに不快感を示す消費者もいるかもしれない。飲食を扱う企業として、食品に不快感を抱かれかねない描き方は、見過ごせないところだ。「ダイオウイカ天」は一度取り下げとなるものの、気持ち悪さを感じさせない構図や合成方法にすることを確約して実施することとなった。筋の通った企画で、成功が見込めていても、「一見お断り」となるのは珍しくない。はなまるの広告だけでなく、CIや商品開発に長く携わって関係を築いていたことが思わぬところで助けとなった。
　複数のコンテンツを集中して投下し、話題を広めた今回の施策。強力な１本のコピーに何度も接触させたり、長期間それを続けたりするキャンペーンに比べれば、施策自体の持続性は短い。「この指とまれ！」と目を引いて、最大瞬間風速を高められるかどうかがポイントだ。むしろ、すべての情報がすぐに飽きられてしまう、現代に適した設計のキャンペーンとも言える。

小西利行
POOL コピーライター／クリエイティブディレクター

○企画制作／ POOL＋1→10DESIGN○ECD／小西利行、是永聡○CD＋C／小林麻衣子○AD／宮内賢治○企画／滝瀬玲子、大垣裕美、竹田芳幸、山中啓司○D／阿部寛子○C／田中あずさ○PR／住本宣子○撮影／平松岳大○フードCRD／鈴木愛

!!!

ミラクルは起こせる

キューンミュージック
「L'Arc ~ en ~ Ciel プロモーション」

写真週刊誌にスクープ記事風広告を掲載したり、他のアーティストのPVを使ったテレビCMを作ったり。ロックバンド ラルク アン シエルの常識破りなプロモーションの仕掛け人、稗田倫広さんの企画・プレゼン作法とは。

ぬけぬけと飛び越えていく

「よくこんな企画が通ったね」「どうやったらこんな企画が実現できるの…？」——常識外の新しい企画を見たとき、多くの人はそう思う。稗田倫広さんの作るL'Arc～en～Ciel(以下 ラルク)のプロモーションは、まさにそんな気持ちを抱かせる。例えば、2011年10月に発売されたシングル「XXX」(キス キス キス)の発売プロモーションでは、メンバー同士がキスを交わす盗撮風写真を『フライデー』にスクープ記事のように掲載した。12年2月にリリースしたニューアルバム「BUTTERFLY」のテレビCMでは、木村カエラの同名の曲のPVを流し続け、ついに最後までラルクの曲が流れることはなかった。

常識外の企画が実現できるのは、「『起きやすいミラクル』を用意しているからです」と稗田さんは説明する。「ラルクに関して言えば、企画を通すために戦ったことは一度もありません。皆が乗りたくなるような企画を作って、『これを実現したら絶対面白い』と相手にも感じてもらうことができれば、必ず協力してもらうことができます。そういう企画ができたときは、打診する前からいける予感があります」。外してはいけないポイントは、ファンに喜んでもらえること。アーティストのプロモーションであるだけにここは絶対だ。そして、誰も不幸にしない、傷つけない企画を目指すこと。「僕の性格もあるかもしれませんが、最大公約数皆が喜んでくれて、誰もが得する構造を作りたいんです。例えばフライデーの企画なら、ファンも楽しんでくれるし、フライデーも部数が伸びればうれしい。それが、皆が乗りたくなるということなんです」。

企画の強さは、見たことのない組み合わせから生みだす。「ラルクという大きな存在だからこそ、フライデーと組んでも負けない。ラルクと組み合わせることで、世の中のさまざまなものの価値がひっくり返る。彼らはそんな『横綱相撲』を取れる存在なんです。組みあわせを考えるときは、なるべく極端な相手を選択します。大きな枠組みさえ押えられれば、あとはどうやっても面白くなる。普通の枠組みの中に面白いことを押し込む方が大変です」。

▶ 一目で伝わるシンプルな企画書

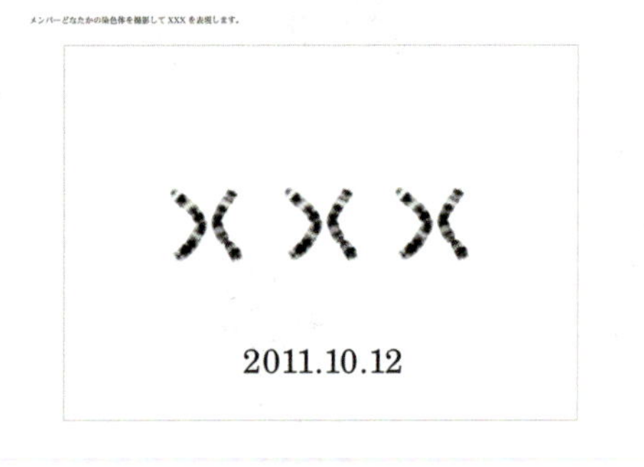

01

01 シングル「XXX」(キス キス キス)のグラフィック広告のための企画書。メンバーの染色体を撮影する案、ラルクのメンバーでない4人がアー写ポーズを取る案、男女のセックスシーンが文字の向こうにぼやけている案などを提案。4枚目が、採用になったフライデー記事風広告で、レイアウトもほぼこのまま実現。一枚の絵と簡単な言葉だけのシンプルな作りで、一目で企画が伝わる企画書を心がけている。

02 アルバム「BUTTERFLY」のCMコンテ。「ラルクの広告に別アーティストが出る前代未聞のCMです」という説明だけで、十分に企画が伝わる。こちらも当初のコンテそのままの形で実現。

▶ 絵コンテも一枚で伝わる

「木村カエラ」篇 15秒
L'Arc~en~Ciel「BUTTERFLY」TVCM
Ki/oon
・「BUTTERFLY」
を歌う木村カエラさん。
ラルクの広告に
別アーティストが出る
前代未聞のCMです。
♫
バタフラ～イ
・何度も繰り返し
♫
バタフラ～イ
♫
バタフラ～イ
♫
～
L`Arc~en~Ciel
New Album
BUTTERFLY
2012.2.8 OUT!
NA) ラルク アン シエル
ニューアルバム
バタフライ！

02

▶『フライデー』スクープ記事風広告

熱愛スクープ
"まさかの"メンバー全員超ラブラブ♡
ロックバンド
ラルク アン シエル
キス！キス！キス！
3連発！
「ラルク」ヴォーカリスト
hyde♡
「ラルク」ベーシスト
tetsuya
hyde♡ken
hyde♡yukihiro

03

▶テレビCM

L'Arc~en~Ciel
BUTTERFLY
2012.2.8 OUT!

04

箭内道彦さんが手がけ始めた頃からのラルクのテーマ「メジャーでアンチでびっくり」を、稗田さんは自分の方法で踏襲している。「企画に参加することで、皆がそれぞれちょっとだけ自分の枠を超えたり、新しい景色が見られる。大人が新しいことにトライして攻めてる姿はカッコいいし、勇気づけられます。広告って本当は何でもありなのに、皆思いこみにしばられていると思うんです。その中で、ぬけぬけと、そのしばりを超えていきたいなと」。

プレゼンは
ワクワクがスタートする場所

誰も見たことのない企画であるほど、相手にどう企画を伝えるかは肝要だ。説明する上で心がけているのは、「一言で面白さが伝わる企画」であること。長々と説明が必要なのは企画が弱いから。「ラルクのCMに木村カエラ」など、一言で面白さを表現できる案になっていなければ人は動かない。ラルクの場合、企画書は絵が一つに説明が一言、一目で伝わる簡潔なものにしている。その方が見た人も想像力を膨らませやすい。

プレゼンのスタイルも「シンプルにしゃべるのみ」だという。「丸腰のまま、普通に会話するように話します。ザ・プレゼンみたいにかっこつけて話すのではなく、『僕はごく普通の人間なんですけど、今日は面白いこと考えてきたので聞いてもらえますか』という感じ。まずこちらが武装解除し、プレゼンの場の緊張感をほぐします。自分が解除すると、たいがい相手も警戒を解除してくれますから」。稗田さんにとって、プレゼンは「ワクワクがスタートする場所」。「『これは面白いね、今日はこのまま飲みに行って続きを話そうよ！』とクライアントと盛り上がったり、帰り道にスタッフと『これは、ヤバいことになってきた』と思えたら、それがいいプレゼン。プレゼンは企画が動きはじめる場所です。そんな形でスタートが切れたら、最高ですよね」。

稗田倫広（ひえだ・ともひろ）
すき あいたい ヤバい　クリエイティブディレクター／CMプランナー／コピーライター

03 週刊フライデー
「ラルク アン シエル キス！キス！キス！３連発」
○企画制作／すき あいたい ヤバい＋東北新社○ECD／箭内道彦○CD＋C／稗田倫広○D／中谷吉英○PR／溝渕浩司、松延隆介○撮影／岡田塁

04 テレビCM「木村カエラ」篇
○企画制作／すき あいたい ヤバ
内道彦○CD＋企画＋演出／稗田
PR／溝渕浩司、井上淳○PM／

▶「EDiT」のEをモチーフにしたアイコン付きの2014年版ロゴ案

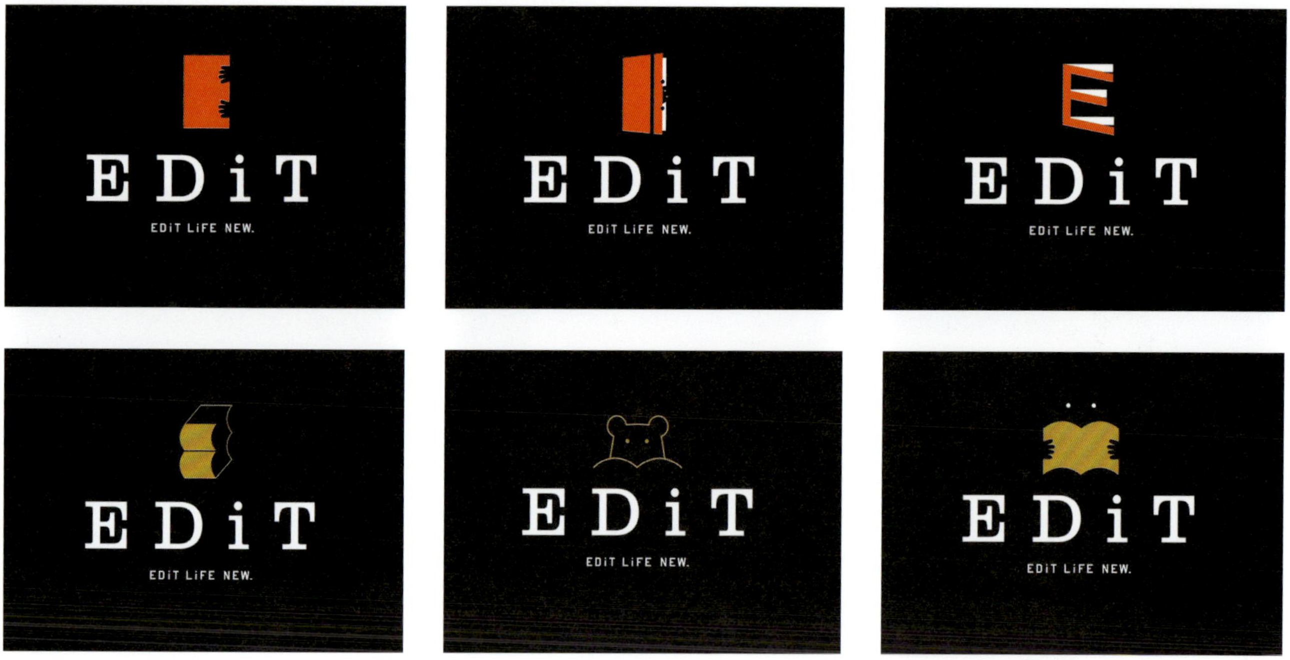

!!!

「なるほど！」サプライズのデザイン案

「EDiT」
マークス

2012年日本文具大賞デザイン部門でグランプリを受賞した手帳「EDiT」。佐野研二郎さんはロゴやパッケージに携わる。クライアントと1対1でデザインを洗練させる、そのアートディレクション的提案とは。

クライアントをちょっとだけ追い越す

「EDiT」は、デザインステーショナリーを手がけるマークスが販売する1日1ページタイプの手帳。2012年の日本文具大賞デザイン部門グランプリを獲得し、国内だけでなく、海外でも取り扱われるなど評価が高い。

ブランドとしては来シーズン向けの2014年版で4年目を迎える。MR_DESIGNの佐野研二郎さんは、ロゴやパッケージ、プロモーションのアートディレクターとして2013年版から参加している。

佐野さんと1対1でやりとりを重ねるマークスEDiT企画開発担当の佐倉由枝さんは、「EDiT」が目指すビジョンを「ワーキングパーソンの人生をクリエイティブにするパートナーになること」だと語る。

便利なスマートフォンアプリや、社内調整用のグループウエアなど、デジタルツールで予定を管理する人が増える中、あえて紙の手帳を使うのはなぜか。

「手帳は、使う人のアイデンティティを表現する性質を強めていると思うんです。書き直せないからこそ、大事なことだけを選んで記したり、アイデアを手帳にまとめておく人も珍しくありません。必然、手帳には『その人らしさ』が蓄積されていく」。

では、「自分だけのパートナー」として選んでもらうためのロゴやパッケージを、佐野さんはどう提案したのだろうか。

佐野さんは、デザインを提案する際は常に、担当者やその先にいる消費者が喜ぶかどうかを念頭に置く。「デザインはブランドをどういう人格にするかの作業であり、常にチャレンジとサプライズがなくてはなりません。そのためにはまず相手が描いているビジョンを共有し、より明瞭にしなくてはいけない」。時にはタイポグラフィ、時にはキャラクター。提示したデザインのもたらす生理的な感覚が、クライアントの課題解決のロジックに結びつく瞬間、それがアートディレクションの提案の醍醐味だ。

佐野さんが最初に手がけた13年版は、

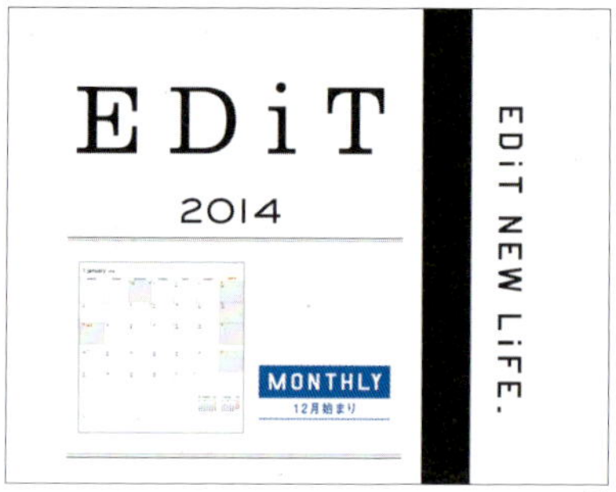

01

02

▶ 2014年版最終ロゴ

EDiT

佐野研二郎
MR_DESIGN アートディレクター／クリエイティブディレクター

01 2014年版のパッケージ
透明パックにプリントされる予定。

02 手帳「EDiT」
B6版、B6スリム版に加え、スマートフォンサイズの「Lite」をラインナップ。

03 2014年版のブローシャー
「手帳を洋服や家具と並べ、ファッション誌のようなたたずまいに」（佐野研二郎さん）。

04 2013年版のブローシャー
ハンガリーのロングセラー絵本『ラチとらいおん』のキャラクターをあしらった。

○企画制作／ MARK'S＋MR_DESIGN○CD＋AD ／佐野研二郎○C ／佐倉由枝○D ／柴田春菜、市東基○撮影／藤田一浩○ST ／田中美和子○ロケーション／ Hike

「EDiT」のビジョンの中の「パートナー」というワードに着目したデザイン。ハンガリーのロングセラー絵本『ラチとらいおん』のキャラクターを起用した。

物語の登場人物「ラチ」は、世界中で一番弱虫な男の子。ある日、彼の前に現れたのは、小さくて赤い「らいおん」だった。「らいおん」は、ラチがひとりでも強くいられるように、大切なことを教えてくれる頼もしい存在だ。「らいおん」のしっぽを離さない「ラチ」の姿に、パートナーとしての手帳のあり方をなぞらえた。

この13年度版が好評を博し、マークスは14年度版でさらに海外展開も広げていく意向が強まっていた。機能面でも、裏写りの低減と軽量化を両立した専用の紙を開発。思考をさまたげずに、心地よく書けるようアップデートしていた。

担当者のモノマネをしながらデザイン

「評判のいい商品のリニューアルはすごく難しい。ちょっと変えるのでは逆効果で、13年度版からガラっと印象を変えたほうがいいなと考えました。そこで、より上質で、海外でも存在感を放てるようなデザインを提案したんです」。

ロゴは「まるで20年前からあったプロダクトのようなたたずまい」のセリフ書体「Clarendon」でスタンダードかつ品格ある印象を強く。周囲にアイコンなどを添えたものも用意しつつ、シンプルでフラットさを強調したものを推した。

こうした1枚1枚の提案物を見て佐倉さんは、「いろんな思いが入り混じったイメージが、クリアになっていく心持ち」だった。「そういうときにクライアントは感動を示すべきだと考えているので、素直にお伝えしました」という佐倉さんに、佐野さんは「きちんとリアクションを示してくれるのが嬉しかったですね。やっぱりデザイナーは反応を気にするものだから（笑）」と振り返る。

佐野さんは、提案先のリアクションを、担当者やターゲットのモノマネをしながら、デザインを考えることもある。「どんな感想が飛び出すかを予想して、その口調や仕草をマネしながらデザインすると、先方の思考をなぞれて、うまくいくんです」。

クライアントの思考過程をトレースしつつ、少しだけ先回りすること。それが「なるほど！」のサプライズをもたらす秘訣だ。

03

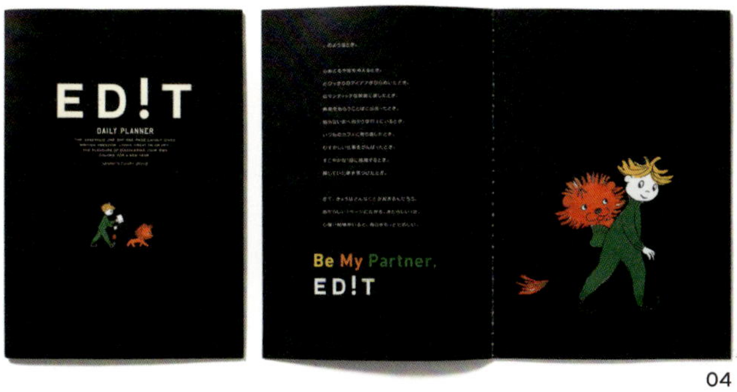

04

!!!

常識が あるからできる ボケの提案

バーグハンバーグバーグ

ネタ系Webメディアの代表格「オモコロ」を運営するバーグハンバーグバーグ。クライアントワークのWebサイトも「オモコロ」の勢いのまま制作している。時にきわどい表現は、どのように理解を得ているのだろうか。

▶ 思わずツッコミたくなる企画書

地域振興には弁慶を！
P.1
イメージキャラクターを「弁慶」に！
かわいくない！
そもそも仙台にゆかりもない！
そんなおバカなキャラクターを
イメージキャラクターに本気でしようとするバーグハンバーグバーグ。
ユーザーもツッコミを入れたくなり、
Twitterやfacebookで共有しようとします。
セルバ×弁慶のアイディア（WEB上の展開）
P.2
セルバの
新しいみどころ、
「ビッグ弁慶ゲート」。
お客様をなぎ払います。
作れない！

その企業のベースがあるからできる企画

「Honda 黙認！株式会社バーグハンバーグバーグのお金をもらって車を宣伝するサイト」では、「ステマ（ステルスマーケティング）」を公言。仙台の商業施設 SELVA（セルバ）のキャンペーンサイトは「春の弁慶フェア」と銘打たれ意味不明。6 月 19 日に開設した、ビジネス書『群れない力』（経済界）の、「何が『いいね！』だ！」と冠した特設サイトでは著者が死亡した写真を掲載し、「いいね！」ボタンを 90 個も設置するなどツッコミどころ満載…。こうした企画は、どのように提案しているのか。

「その企業の特徴と、一般的な目線を理解することが大事だと思います。その上で、企画の面白さが際立つように、ギャップを作り出す。あとは大喜利の感覚」と話すのは、代表取締役のシモダテツヤさん。「お金をもらって車を宣伝するサイト」も、技術一筋のメーカー・本田技研工業というベースがあってできた企画。「『あのホンダが、こんなネタを許すなんて、やっぱり器が大きいな』という印象が世の中に残ればいいのかなと。プラスの違和感って好印象ですよね。超大金持ちなのに、謙虚とか。そのギャップをどう見つけるかが発想のキモだと思います」。

重要なのは、担当者がどう上司を説得するか。バーグハンバーグバーグの場合、盛り上がったプレゼンそのままの熱量を上司に伝えられる担当者と組めるかどうかのほうが、むしろハードルとなる。

「こういうネタでも受け入れられる世の中になっていますよ、という意味で過去の実績を見せるようにはしています。あとはやっぱり担当者の熱意。企画書は『○○は普通、

▶ ユーザーがどうイジるかを想定

運営テーマその1「まどろっこしいから、もう自分で買う！」
P.1
展開案 1
こんなにまどろっこしいなら、自分で買って確かめる！
「まどろっこしい説明書」をTwitter、facebookで配信
なかなか操作方法を全部明かしてくれない、まどろっこしいゲーム紹介を発表。
どのボタンがどういうアクションなのかなどを、わざわざ長い期間をかけて
じょじょにtwitterやfacebookで紹介していく。
△ボタン：6月中旬公開予定！
○ボタン：ジャンプ
□ボタン：6月下旬公開予定！
×ボタン：未定
アナログスティック：9月上旬公開予定！

運営テーマその1「まどろっこしいから、もう自分で買う！」
P.2
○ボタン：ジャンプ
ついに発覚！なんと、○ボタンは「ジャンプ」だった！
もう自分で買って確かめるから、いいです。
Twitterユーザー、facebookユーザーに定期的に
「Dokuro」に関する話題を届けることが可能。くだらなさによるバズを期待できます。

▶ ネタサイト「オモコロ」で培ったイラストとボケのセンス

【大喜利】タウンページの間違った使い方①
P.2
ドスッ
アマゾネスの弓を防ぐ

こういうもの』『それを今回はこう飛び越える、だから面白い』という流れですが、書いてあるボケを読み上げたり渡したりしても上司の方は笑いませんよね。これまで担当者の力で企画を実現できているんです。一方で、これは課題でもありますが」。

ただし実績の提示には難点も。「オモコロ」やクライアントワークでヒットすると、必ず言われるのが「アレみたいな感じで」という依頼。「同じネタを繰り返す」依頼が来ることに悩み、自分が納得するための理由を必死に考えた時期もあった。

「最初のネタは『発明』で、プロモーションは応用だととらえていて。ヒットを繰り返すと、ポイントがわかってくるので、『オモコロ』で挑戦して、うまくいったやり方をクライアントワークに応用する。一瞬だけ目立つのではなく、ボケ続けたいんです。だから応用でリソースを生んで、また新しいことをやろうって考えています」。

説明不足だから知りたくなる

「言葉に“？”が浮かぶって、いまの時代、大事だと思う」と話すシモダさん。

例えば「イタリア対ドイツ 0-1」という言葉をWebで見つけても、サッカーファン以外の層はリンク先を確認しようと思わないだろう。「でも『おじいちゃんキャンペーン！』って言われたら、とりあえず確認しませんか。たった1クリックで見られるわけですから。ネットではすべてを説明しないほうが、好奇心が生まれる。だから意味不明な言葉は好きですね」。

仙台セルバのキャンペーンサイト「バーグハンバーグバーグ× SELVA ～春の弁慶フェア～」はまさに「意味不明な言葉」から生まれた企画だ。

どんなことがやりたいのか、要望を聞いているうちに自然と企画出しに入っていた。「フェアを組みたいということで。『春のパン祭り』みたいなことかなぁと考えていたら、あっ、『春の弁慶フェア』ってどうだろうって。語呂もいいなあ、仙台には伊達政宗がいるのに、全く無関係の弁慶ってツッコミどころがあるなと。先方も笑ってくれていたんですけど、まさか採用されるなんて僕らも思わなくて」。

どんな相手も楽しませようと、会話にもボケをちりばめるシモダさんだが、バーグハンバーグバーグでは5カ年計画を立て、きちんと月々の目標をクリアしている常識的な経営者の一面もある。想定外のネタを繰り出せるのは、飛び越える「当たり前」や「普通」をきちんと把握しているから。奇をてらったり、“変人”なだけでは、ボケ続けることなどできないのだ。

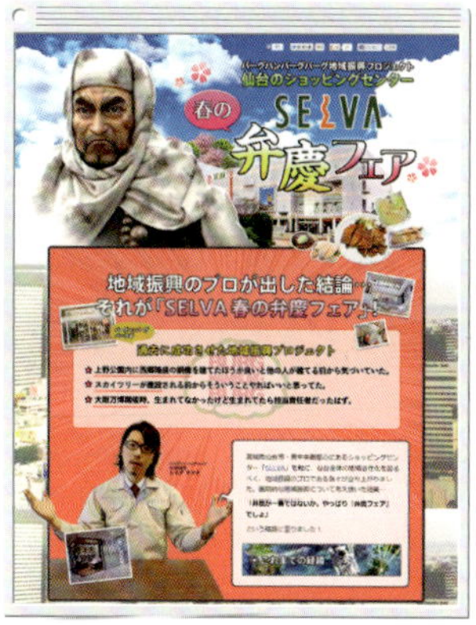
春の
SELVA
弁慶フェア
地域振興のプロが出した結論
それが「SELVA 春の弁慶フェア」
01

N BOX+のキャッチコピーを考えよう!
右折をしよう、何度でも
02

おいしさ
0.8倍!
劣化版!
インド人完全無視カレー
03

シモダテツヤ
バーグハンバーグバーグ 代表取締役

01「バーグハンバーグバーグ× SELVA ～春の弁慶フェア～」
仙台のショッピングモールSELVAのプロモーションサイト。「失敗しました」というアフターフォローのサイトも。

02「Honda黙認！株式会社バーグハンバーグバーグのお金をもらって車を宣伝するサイト」
ホンダの軽自動車「N BOX+」のフロント部分をプレゼントする大喜利企画などを実施。

03「インド人完全無視カレー」
東京・渋谷のカレー専門店「カリガリ」とコラボレーション。その名の通り、インド人に監修してもらったのに、そのアドバイスをすべて無視。「じゃあ、なんで呼んだんだ！」というツッコミを誘い、話題化を狙った企画。

!!!

ニュートラルな発想が正しいロジックを生む

メニコン

「Magic 1day Menicon Flat Pack」

コンタクトレンズ
Magic 1day Menicon Flat Packは、約1ミリの薄さという特徴を持つ商品。しかしあえて、目が行きがちな薄さとは異なるポイントを訴求点として設定し、商品のあり方そのものを変えるプレゼンがなされた。

▶ プレゼン資料

01

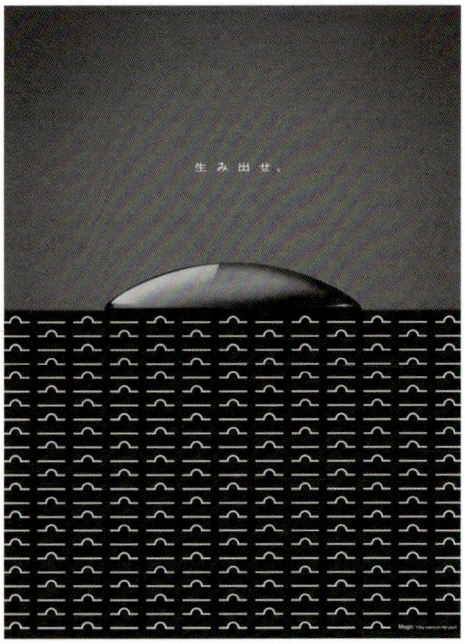

02

訴求ポイントを再考する

メニコンから発売された、薄さ約1ミリのパッケージに入ったコンタクトレンズMagic 1day Menicon Flat Pack（以下Magic）。1箱30枚入りで、パッケージのデザインは全部で15種類あり、すべてのデザインは4つの記号によって構成されている。電通のアートディレクター八木義博さんが手がけたものだ。

当初メニコンが行ったオリエンは、新たに開発された「薄さ1ミリ」というコンタクトレンズの広告を展開していきたいというものだった。薄さが商品の最も大きな特徴ではあるが、いざ考えてみて八木さんが感じたのは「“薄い”ことが本当にユーザーにとって価値のあることなのか？」という疑問だった。「それにいったん薄さを訴求点として打ち出すと、競合他社とパッケージの薄さを競争するような結果になりかねないとも感じた」という。

そこで改めて商品特性を突き詰めて考える中で見えてきたのは、パッケージからレンズの外面が上を向いた状態で取り出すことができるという特徴だ。通常のコンタクトレンズはパッケージを開けるとレンズが保存液に浸かった状態で入っており、液の中へ指を入れて取り出す必要がある。そのため指がレンズの内面に触れ、指の皮脂が付着する可能性があった。

しかしMagicはレンズ内面に触れにくく、少ない動作で装着することができる。その衛生面の優位性と、装着動作が短縮されたという2つのポイントに本来の価値があると考えた。「薄いことによって衛生的で、簡単な動作で装着できるというスマートさがいいなと感じました。そこが既存の製品とは全く違うところです。だから、薄さによって競合製品と争うのではなくて、全く次元の違う独自商品として展開するべき。生活をスマートにする、ある種のデザインプロダクトのようなイメージで打ち出すべきだと考えたのです」。

“スマートな動作”を記号化

「究極的なことを言うと、コンタクトレンズはつけないですめばそのほうがいいと思うんです。持ち歩いたり、つけ替えたりすることが面倒だからです。だからつけていないときは極限まで薄く隠れていて、使うときだけ必要最小限のものが出てくる。そしてそれを瞳につける。その一連の流れを4つの記号に置き換えました」。この記号の組み合わせで新しいビジュアルを作り出していくという構造が見えたとき、デザインは9割方完成したようなものだった。

広告ポスターはパッケージ自体がユニークなものになったため、あえて要素を追加せず、Magicのパッケージを手で持っているだけ、というシンプルなものにした。そしてスマートなイメージを有する商品であることから、メディアへの露出も、海外の雑誌などに先行して情報を渡し、そこから派生して国内のメディアで逆輸入のような形で取り上げられていく戦略を立てた。

プレゼン自体は、クライアントから求められた広告コミュニケーションだけではなく、その一歩手前、商品のあり方そのものから提案するものとなった。「薄いことを第一義にしてしまうと価値がなくなってし

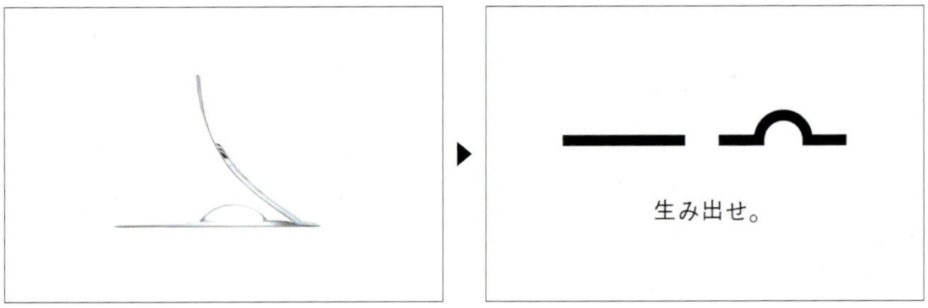

03

▶ 完成したパッケージ、広告

04

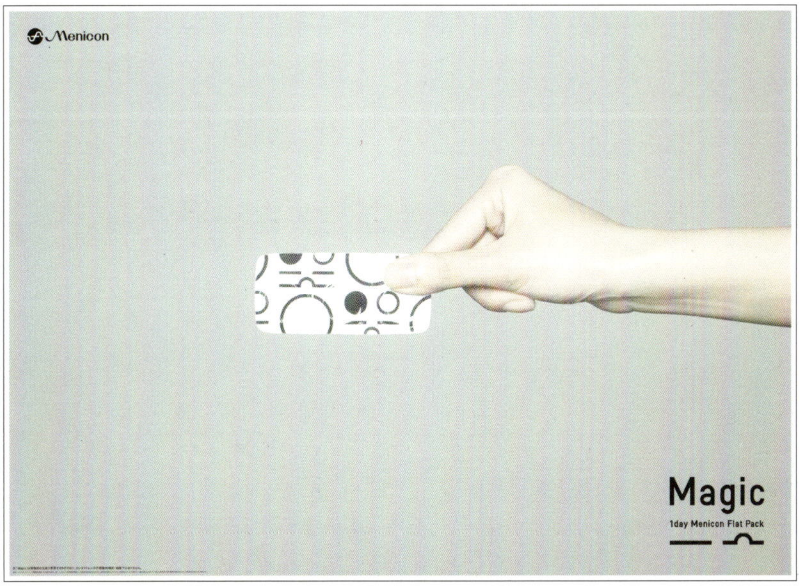

05

06

やぎ・よしひろ
電通 アートディレクター。主な仕事に、JR東日本「行くぜ、東北。」、Panasonic「LIFE IS ELECTRIC」、アド・ミュージアム東京 など。受賞に、東京ADC賞、佐治敬三賞、D&AD Yellow Pencil、N.Y.ADC ゴールド、ONE SHOW DESIGN ゴールド、カンヌライオンズ ゴールド、CLIO ゴールド、SPIKES ASIA ゴールド、アドフェストグランプリなど。

01, 02　メニコン「Magic 1day Menicon Flat Pack」プレゼン資料
03　コンタクトレンズの外面が上を向いた状態で取り出せることから、パッケージに使用する記号が生まれた。
04　「Magic 1day Menicon Flat Pack」パッケージ、すべてのデザインが―⌒　の4つの記号で成り立っている。
05, 06　同ポスター

まう。そうではないところに本当の価値があるということをまずは伝え、そのためにパッケージデザインをこうしましょう、という伝え方をしました」。

そう話す八木さんだが、クライアントにとっては少しプロセスを戻らなければならない提案であるため、通るとは思っていなかったのが本音だという。コンタクトレンズとは医療機器のひとつで、医者の診察を受け、勧められて買う商品。潤いや装着感というところ以外の価値に踏み込むのは、クライアントとしても相当勇気が必要なこと。「こうあるべき」という理想を理解してもらうことで、採用に至った。

「こうあるべきだと感じた理想を追求すれば、自ずとロジックもしっかりしたものになります」と八木さん。クライアントとの間にツーカーの関係が成立している方が、一般的にはプレゼンもしやすいと考えられる。しかしこのケースでは、土台となる関係ができていないからこそ、さまざまな事情に左右されない状態で取り組むことができた。「本来いいデザインとは、あらゆる事情を取り払ってニュートラルに考えられる環境の中でこそ生まれるものだと思います」と八木さん。ニュートラルに発想すれば、そこから新しいデザインが生まれる。こうして生まれたデザインは、自ずと突破力を身につけているものなのだ。

ゼン資料

メインビジュアル
活動や商品、サービス等、
JAマインズを構成するもの一つずつを
ピクトグラムにし、
すべてを並列した状態をVIとする。
多岐にわたる事業内容を並べる事で
JAマインズの理念を表現。
JA MINDS FARM

01

ピクトグラム説明
JA MINDS HOME：経済店舗
鍬（農具・農機具）
土
肥料
種
※中に入るピクトグラムの内容は要検討、相談の上変更の可能性があります。

02

ピクトグラム説明
JA MINDS SHOP：直売所
レタス
たまねぎ
じゃがいも
大根

03

ピクトグラム説明
JA MINDS BANK：金融店舗
人のつながり
お金（ローン／融資）
お金
住宅
※中に入るピクトグラムの内容は要検討、相談の上変更の可能性があります。

04

!!!

複雑なサービスをピクトグラムに

JAマインズ

マインズ農業協同組合（JAマインズ）は今年、多摩支店の建て直しをきっかけに、新たにVIを制作した。当初はVIを予定していなかったこともあり、デザインそのものではなく、“デザインの必要性”を説くプレゼンがなされた。

サイン計画からVIの自主提案へ

東京都府中市に本拠を置く農業協同組合「JAマインズ」は、組合員や地域住民へ向け、農業資材の販売や、銀行・保険などのサービスを提供している。

2013年新たに開発されたVIのそもそもの発端は、建て直された多摩支店のサイン計画であった。JAマインズは銀行や保険、法律相談、資産管理、資材販売など、30以上の多岐にわたる事業を行っており、施設内にも各サービスを提供する窓口が複数存在し、非常に複雑な仕組みを持つ。

6Dのグラフィックデザイナー 木住野彰悟さんが依頼されたのは、そのサイン計画。しかし木住野さんは、事業が複雑ゆえにVIが必要という根本の課題を知り、各サービスをビジュアル化したVIを制作することで、複雑なサービスをシンプルに表現してはどうかと考えた。「サイン計画という当初の目的に対しても、今後JAマインズがどう見られたいかを考えるきっかけとしても、そして類似施設との差別化を図る意味でも、VIは必要だと考えました」。

ビジュアル化するうえでまず必要だと考えたのは、複雑な組織をシンプルに表現すると共に、「親しみやすさ」を加えることだ。「銀行や保険のサービスがあることや、組合という組織の性格から、どうしても役所のような固い印象や、古い体質というイメージを抱かれがちではないかと思ったんです。そこでテーマとしたのが、“多岐にわたるサービスを、親しみやすい表現にする”ということです。これは、そのままビジュアルにすればいいんだと思いました」。

複雑な組織を1つのマークでまとめてしまうと内容に偏りが生まれ、かえってわかりづらくなる可能性が高いと木住野さんは考え、活動や商品、サービスをひとつずつピクトグラム（絵文字）として具体化し、それらを並べた状態をVIとした。

ピクトグラムは農具、肥料を表すものか

▶ 完成したVI

05

06

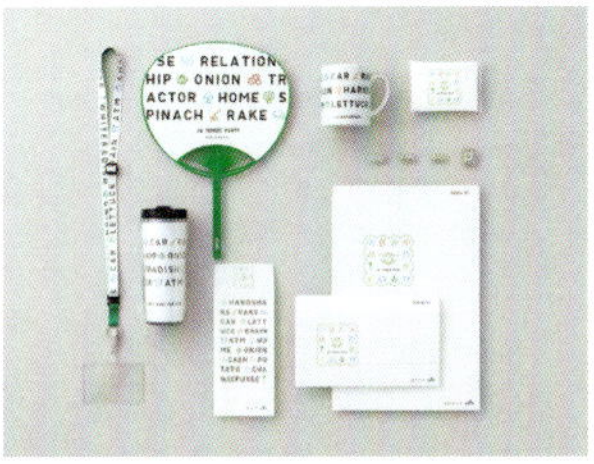

07

08

木住野彰悟
アートディレクター／グラフィックデザイナー。1975年 東京生まれ。76年 廣村デザイン事務所で廣村正彰氏に師事。07年 6D設立。11年 個展「HANDMADE GRAPHIC」開催。東京造形大学 非常勤講師、CI・VI・サイン計画。主な受賞に、13年 カンヌライオンズ ゴールド、D&AD Awards イエローペンシル、red dot award communication design redodot賞、One Show デザインアワード Merit賞。
http://www.6d-k.com

01～04　JAマインズ VIプレゼン資料
05～08　完成したVIは店舗や施設内のサインの他、紙袋やマグカップなど、さまざまなツールにも用いられている。

らお金、住宅を表すものまで全部で12種類あり、それぞれの組み合わせによって銀行や、野菜の直売所などを表現することができる仕組みになっている。さらに店舗によって扱っている農作物や、サービス内容に多少違いがあるが、ピクトグラムを入れ替えることで、その土地ならではのサインをつくることが可能だ。

ロジックは説得の武器のひとつ

自主提案かつ、JAマインズという組織がそもそもデザインやブランディングと縁遠かったこともあり、プレゼンは極めてロジカルに行ったと木住野さん。このVI計画は13年のカンヌライオンズのデザイン部門でゴールドを受賞したが、クライアントがJAマインズという組織だった点も、評価につながったのではないかという。「つまり、デザインのプロ同士であったり、デザインに親しんでいる者同士の会話であれば、そこにロジックがなくても成立することは多いんです。でも今回のプレゼンは“なぜこのデザインが生まれたか”とか“なぜこのデザインがいいのか”ということよりさらにさかのぼって、“なぜVIが必要なのか”ということから説明をしました」。

VIがなぜ必要かという点においては、これから第一次産業に近い分野で、よりVIが求められるという話を展開。「いままで以上にネットワークが発達し、デパートや販売店など中間業者が少なくなり、生産者が直接発信していく必要性が増します。地域ならではの特性を示すことは、特に農業には欠かせなくなる。そんな時代の流れも含めて説明をしました」。

また人がTPOに合わせて服を変えるように、VIもその組織が向かう方向によって相応のものにしなければならないという例えによって、どういうデザインが適しているのかという話も伝えた。例えば10年後どんな場所になっていたいかと尋ねると、組合員の人たちが気楽に訪れることができ、にこやかにいれる場所という答えが返ってきた。そう考えるとやはり親しみやすさは欠かせない要素になる。

「とにかくロジカルに説明を重ねて、理解を深めてもらった」というが、木住野さんは必ずしもデザインを伝える際にロジックが必要なわけではないと話す。「デザイナーとして、デザインのプロでない人たちに“なぜそのデザインが必要なのか”を理解してもらうことは、絶対に必要です。理解してもらうために、例えば、人を魅惑する人間力や、ものすごい描写力であってもいい。そのための武器はいろいろあります。必要なのは、相手に合わせて変えていくことだと思っています」。

!!!

いまこそ我流プレゼンを見直そう

ガー・レイノルズ

『プレゼンテーションZen』『シンプルプレゼン』などの著者があるガー・レイノルズさんは、かつてアップル社でスティーブ・ジョブズのプレゼンを間近に学び、今は世界的なプレゼンの権威として数々の講演をこなす。日本を愛するガーさんに、日本人のプレゼンの課題を聞いた。

プレゼンテーションの世界的な第一人者。著書『プレゼンテーションZen』（ピアソン桐原）は世界17カ国語に翻訳され、15万部を超すベストセラー。その他の著書に『プレゼンテーションZenデザイン』（同）、『シンプルプレゼン』（日経BP社）などがある。住友電気工業や米アップルでの勤務を経て、2003年より関西外国語大学の准教授。大阪在住。デザイナー、ミュージシャンとしても活躍。

「念のため」を捨てよう

日本企業のプレゼンの印象は、とにかく“長い”に尽きます。日本企業では毎日当たり前のように残業が行われています。それが日本の風習なのかもしれませんが、海外の企業からすれば、日本人は時間に対する意識が低いと見られかねません。ぎっしりデータが詰め込まれたスライドを見ながら長々と説明を聞くのは、決して楽しいことではありません。催眠術の呪文を聞いているように、だんだん眠くなってきます。

なぜあのようにプレゼンに長い時間をかけるのでしょうか。そこには「念のため」という保身の思いが強くあるように感じます。そして、シンプルであることを手抜きだと思っているようです。だから、必要のない情報までスライドに詰め込んでしまうのではないでしょうか。

しかし、日本人はわびさびの文化を生んだ国民です。「シンプル＝簡素」であることに美しさや意義を見出すことが得意だったはず。江戸時代の建築の構造はシンプルですが、見ていると作り手の心が伝わってきます。禅は、混沌や不要なものを取り除いて、シンプルさの中に意義を見出すことを教えています。今こそ“温故知新”が必要です。物事を簡素化することで効果を出す術を自らの伝統文化から学ぶべきです。シンプルに伝えた方が聞き手はぐっと引き込まれます。実際に物事を簡素化することはやさしいことではありません。その方が高度で難しいからです。しかし成功すれば、間違いなく聞き手から感謝されるでしょう。

良いピッチは相手の口を開かせる

日本のビジネスシーンでよくあるのが、ただ延々と事実を伝えるだけのプレゼンですが、一方通行ではいけません。プレゼンでは自分たちが考えた案を伝え、クライアントとディスカッションする意識を持つことが重要です。

広告のプレゼンは、英語では「Pitch」と呼ばれます。「Pitch」とは、「投げかける」という意味です。プレゼンターはきちんとしたストーリーを用意して、最初に投じる第一球（Pitch）で好印象を与えなければなりません。理想は、その最初のピッチで相手の口を開かせ、もっと詳しいことを知りたいと質問が出るように仕向けること。そうすればディスカッションがはじまります。プレゼンをより双方向にするには、ライドに細かい情報は必要ありません。スライドは、コンセプトをビジュアライズしたもので十分です。細かい情報はドキュメントとして手元に配ってください。話しながらホワイトボードにキーワードを書くことも有効な手段の一つです。

私は30分のプレゼンテーションに400枚のスライドを使用することもありますが、聞き手にはごく自然に見えていて、スライドの多さが気になっていないはずです。その理由は、私のスライドは写真や動画をシンプルな言葉でつないだものだからです。たくさん枚数があっても流れるように見せられれば、相手は飽きません。

プレゼンは小学校の先生に学べ

プレゼンテーションで重要なのは、聞き手の好奇心を刺激することです。その点で、私は小学校の先生の教え方が参考になると思います。彼らは児童との繋がりを持ち、エンゲージメントすることに長けています。児童たちは単に座って先生の話を聞いているだけではありません。さまざまな作業を体験しながら物事を学びます。

中学校以上の学校の先生の授業は、ただ情報を伝えるだけなので面白くありません。中学校以上の生徒たちは、先生が話す情報を教室のイスに座ったまま、スポンジのように吸収することを求められます。しかし本来、先生やプレゼンターといった教える立場の人は、積極的に相手の好奇心を刺激

**プレゼンテーションについての
間違った考え**

~~「何かを理解するためには、全てを伝えなければならない」~~

~~to understand anything, they have to be told everything.~~

プレゼンは論理と感情の両面で訴える

感情	論理
・比喩、逸話、例え話	・特性
・色々考えさせられるような質問	・利益
・ストーリー（個人、実話、フィクション）	・データ／証拠
・ゆっくりと見せる（サスペンス）	・論理的議論
・ショック／恐ろしい瞬間	・証明
・驚異または不思議への招待	・例
・ユーモア	・ケーススタディ
・驚き	・展示品／小道具

聴衆を理解するための６つの項目

POINT 01 ……………… どのような人か？
POINT 02 ……………… なぜここにいるのか？
POINT 03 ……………… その人が夜眠れないほど心配なことは？
POINT 04 ……………… その問題をあなたはどう解決できるか？
POINT 05 ……………… その人にどうしてほしいか？
POINT 06 ……………… その人はどんな抵抗をしそうか？

して、新しい発見や知識への探求を促すことに力を入れるべきなのです。一方通行のコミュニケーションが受身の体質を作ります。受身では何も発見できません。双方のコミュニケーションの会話によって好奇心が刺激され、探求し、時には間違いをおかしながら、新しい発見にたどりつくのです。

プレゼンテーションは、その名の通りプレゼントです。誰かにものを贈るとき、相手がどういうものが好きなのか、相手のことを知ろうとします。以前、私がドラマーをしていたときには、楽曲のラインナップを決めるため、その日のお客さまがどういうテイストの曲が好きなのか必ず事前に調べました。興味を持って演奏を聴いてもらうためです。プレゼンテーションも同じです。聞き手に関する情報は、できる限り集めるべきです。

情報ではなくストーリーを伝える

プレゼンテーションには押さえておくべき「3つのC」があります。「Conflict（衝突）」は、解決すべき問題や課題のことです。その問題を解決するまでのプロセスがストーリーです。このストーリーを上手く描けるかどうかで、プレゼンテーションの良し悪しが決まります。単にデータを羅列するだけでなく、心理的な葛藤の文脈を考えて描いてください。予想もしなかった驚くべき結末を盛り込んだり、聞き手の感情に触れる要素を盛り込むことも大切です。

そのときに役立つのが「Contrast（対比）」です。スティーブ・ジョブズはかつて、アップルのライバル企業を悪役に見立てることでストーリーを魅力的なものにしていました。そして3つ目は「Change（変化）」です。ストーリーを通して、企画を実行する前と後の変化、つまり問題を解決した結果をクライアントに見せること。そしてプレゼンテーションで最も大切なことは、なぜその企画が聞き手にとって重要なのかをシンプルに語ることです。

日本人がプレゼンテーションが下手だと言われるのは、優れたデザインセンスを持っているのに、もったいないことです。伝え方を磨くために、見本となる先生を見つけるのもいいでしょう。身近なところにいなくても大丈夫。テレビには、僕の好きな三遊亭円楽さんのように見習うべき先生がたくさんいますし、Ted★のWebサイトを見るのもいい。ぜひ、探してみてください。私は日本人が大好きです。日本人を世界で一番プレゼンテーションが得意な国民にするために、これからも尽力していきたいと思っています。

★アメリカのモントレーで年1回、学術、エンターテインメント、デザインなどさまざまな分野の人物による講演会を開催する団体。

1 宣伝会議の雑誌・書籍

広告クリエイティブの専門誌

月刊『ブレーン』

広告・デザインをはじめ、プロダクト、空間などマーケティングコミュニケーションに関わるあらゆるクリエイティブを扱う専門誌。クリエイターを刺激する最新情報が満載です。

毎月1日発売／本体1204円＋税

セールスプロモーションの専門誌

月刊『販促会議』

「人が集まる」「商品が売れる」アイデアを集めた販売促進の専門誌。販売促進の基本ノウハウから、デジタルを活用した最先端の成功事例まで、明日から実践できるアイデアをお届けします。

毎月1日発売／本体1204円＋税

マーケティングコミュニケーションの総合誌

月刊『宣伝会議』

売上げの拡大、企業ブランド向上に役立つ知識と情報をお届けする、日本唯一のマーケティングコミュニケーションの専門誌。広告を中心に幅広く最新の理論や手法、事例を紹介。

毎月1日発売／本体1204円＋税

企業・商品広報、リスク管理の専門誌

月刊『広報会議』

広報実務者のための専門誌。メディアに取り上げてもらう攻めの広報、被害を最小限にとどめるリスク管理と対策、強い組織づくりのための社内方制作など、他で学べない知識とノウハウを公開します。

毎月1日発売／本体1204円＋税

↓

デジタル版配信中！

宣伝会議の月刊誌が
PC・スマートフォンからいつでもどこでも読める！
全文記事検索機能つき、バックナンバー読み放題、
お得なセットプランあり。

詳しくは ▶ mag.sendenkaigi.com

『電信柱の陰から見てるタイプの企画術』

雑誌『宣伝会議』で連載された同名の連載が遂に書籍化！ サントリーBOSS「宇宙人ジョーンズ」など、人気CMを生み常に多くの人に受け入れられるアイデアを考えている福里真一の企画・発想術が詰まった一冊。

福里真一 著／本体1,600円＋税／ISBN978-4-88335-290-6

『ブレイクスルー ひらめきはロジックから生まれる』

企画や戦略、アイデアを練るときに誰もがぶつかる思考の壁。その壁を突破する思考ロジックを、広告の現場で培った知見と経験をベースに“見える化”。分かりやすい寓話、事例と豊富な図解で解説する。

木村健太郎、磯部光毅 著／本体1,500円＋税／ISBN978-4-88335-283-8

『図説 アイデア入門 言葉、ビジュアル、商品企画を生み出す 14法則と99の見本』

外資系広告会社で広告を作り続けた著者が、アイデアの導き方を14種類に類型化し、99のイラストで解説したアイデア入門書。広告制作や新商品開発などを仕事とする、アイデアを必要とするすべての人の必読書。

狐塚康己 著／本体2,000円＋税／ISBN978-4-88335-280-7

『佐藤可士和さん、仕事って楽しいですか?』

最も成功しているアートディレクターの一人である著者が、美大生や学生からの質問に答えた一問一答集。端的に分かりやすく、仕事の本質を説く。就活生はもちろん、生き生きと仕事をしたいビジネスパーソンも必読！

佐藤可士和 著／本体1,000円＋税／ISBN978-4-88335-272-2

『コピー年鑑 2013』

51回目を迎えた東京コピーライターズクラブ（TCC）によるTCC賞は「コピーライター、もしくはコピーの賞である」ことを再認識する方針で審査。広告表現が多様化する中、機能するコピーとして選ばれた作品を掲載。

東京コピーライターズクラブ 編／本体20,000円＋税／ISBN978-4-88335-291-3

『ACC CM年鑑 2014』

2013年度のACCフェスティバルは、テレビCM部門に「地域賞」を、CMの企画力、アイデアのチカラに対して、制作者「個人」へエールを送る「小田切昭賞」を新設。本年鑑では、入賞した約300作品すべてを収録。

全日本シーエム放送連盟 編／本体14,000円＋税／ISBN978-4-88335-299-9

2 宣伝会議のクリエイティブ関連講座

「偶然の120点」よりも「必然の90点」を量産する、
実務に活きるコピー力を養う

コピーライター養成講座上級コース

全25回 180,000円（税抜） 6月・11月開講

今まで語られることのなかった
クリエイティブディレクションの方法論を一流CDが講義

クリエイティブディレクション講座

全15回 130,000円（税抜） 8月・2月開講

一流コピーライターに弟子入りし、
書く力・選ぶ力・見極める力を身につける

コピーライター養成講座専門コース

全10回 92,500円（税抜） 6月・11月開講

CMの基礎知識、アイデアの考え方から
コンテの書き方まで、「企画・発想法」を学ぶ

CMプランニング講座

全20回 150,000円（税抜）7月開講

「作業屋」から抜け出し、今、この時代に求められる
ADになるための考え方を学ぶ

アートディレクター養成講座

全30回 160,000円（税抜） 8月開講

お問い合わせ

宣伝会議 教育講座事務局

TEL 03-6418-3330

Email info-educ@sendenkaigi.co.jp

※Webサイトにて、無料体験講座や説明会情報を随時更新

http://www.sendenkaigi.com/class/

ブレーン

ブレーン特別編集 合本

トップクリエイターのアイデア発想法・企画プレゼン術

発行日 2014年4月2日 初版第一版発行

編集 宣伝会議 月刊『ブレーン』編集部

発行者 東 英弥

発行所 株式会社宣伝会議

〒107-8550

東京都港区南青山5-2-1

TEL 03-6418-3326（編集）

TEL 03-6418-3320（販売）

URL http://www.sendenkaigi.com/

アートディレクション+デザイン 寄藤文平 浜名信次

印刷・製本 大日本印刷

ISBN：978-4-88335-310-1 C2063

©SENDENKAIGI 2014 Printed in Japan

乱丁・落丁本はお取替えいたします。

本書の一部または全部の複写（コピー）・複製・転訳載および

磁気などへの記録媒体への入力などは、

著作権法上での例外を除き、禁じます。

これらの許諾については、弊社までご照会ください。

記事出典一覧

- P4-P21 月刊『ブレーン』2011年2月号
- P49-57, P73-75, P80-83, P100-101
  月刊『ブレーン』2011年8月号
- P23-25, P28-35 月刊『ブレーン』2012年2月号
- P70-72, P84-87, P90-91 月刊『ブレーン』2012年8月号
- P58-67 月刊『ブレーン』2013年2月号
- P77-79, P88-89, P92-95 月刊『ブレーン』2013年8月号
- P96-99 月刊『ブレーン』2013年10月号
- P26-27, P37-39 月刊『ブレーン』2014年3月号
- P44-46「アドタイ（Advertimes）」
  2014年2月6日, 2月14日掲載記事

原則的に掲載当時のまま転載しておりますが、

合本化にあたり、社名・肩書きを中心に一部修正を加えた箇所があります。

ご了承ください。